Meditación creativa

Jessica Macbeth

Meditación creativa

Traducción de Aina Alcover

ROBIN BOOK

Si usted desea que le mantengamos informado
de nuestras publicaciones, sólo tiene que remi-
tirnos su nombre y dirección, indicando qué temas le interesan, y gustosamente complacere-
mos su petición.

Ediciones Robinbook
Información Bibliográfica
Aptdo. 94.085 - 08080 Barcelona

Título original: *Moon Over Water*.
© 1990, Jessica Macbeth.
© 1992, Ediciones Robinbook, SL.
    Aptdo. 94.085 - 08080 Barcelona.
Diseño cubierta: Regina Richling.
Fotografía: Patrick Eden (Stockfotos, Inc.).
ISBN: 84-7927-055-1.
Depósito legal: B-42.217-1992.
Impreso por Libergraf, Constitució, 19, 08014 Barcelona.

Impreso en España - *Printed in Spain*

Dedico este libro a mi padre, Dennis Williams,
y a la memoria de mi madre, Florence Webster Williams,
con amor y gratitud por haber tratado siempre
de animarnos a descubrir y satisfacer nuestro potencial creativo,
y por ser buenas personas.

Prólogo

El objetivo de este libro es que aprendamos a amarnos a nosotros mismos; que dediquemos todos los días un rato a calmar nuestra inquietud mental y emocional, que dejemos de lado las defensas y busquemos un camino equilibrado hacia nuestro mundo interior. Como dice Jessica Macbeth: «En la meditación no sólo se utiliza la cabeza, pues se hace con todo el ser, con el cuerpo, la mente, las emociones y el espíritu, y afecta a todas esas facetas». La meditación ofrece algo que no se da fácilmente en el ajetreado estilo de vida actual: la posibilidad de estar con uno mismo, integrado y arraigado como una montaña, «despierto, alerta y entero». Nos lleva más allá de la función psicológica y produce en nosotros un profundo cambio. Forma parte de toda vida completa.

Es muy alentador saber que en los últimos años un número cada vez más elevado de médicos recomiendan la relajación y la meditación a los pacientes que padecen estrés. Ha quedado atrás la imagen del hippy de los años sesenta y ahora muchos se animan a preocuparse por sí mismos. El problema es que si no se encuentra un buen profesor, más de uno se cansa. Cuando comencé, me costaba muchísimo centrarme y calmar mi inquieta mente; es bastante deprimente estar quince minutos sin conseguirlo, pero sólo al iniciar el aprendizaje con Jessica Macbeth logré avanzar en mi camino.

Para empezar me animó a que practicara sólo cinco minutos, limitándome a contar la respiración, sin esperar hacerlo «correctamente». «La meditación nos ayuda a centrarnos, lo cual a su vez nos ayuda a meditar.» Después aprendí un ejercicio de relajación que podía hacer en cualquier sitio, incluso en una reunión de trabajo o en un tren abarrotado, ¡simplemente relajándome y

9

centrando la atención en la uña del pulgar! Es así de fácil y siempre se puede hacer.

Quedé asombrado ante su eficacia; producía resultados casi inmediatos. Para alguien acostumbrado a hacer en lugar de ser, era una sorpresa considerable, por no decir una conmoción. Las cosas cambiaban dentro de mí y a mi alrededor. Estaba atónito y cada vez tenía más ganas de encontrar esa manera de vivir mejor conmigo mismo. Y la encontré, en el momento oportuno, cuando la presión aumentaba para todos los que estábamos comprometidos con el trabajo, cada vez mayor, del Cancer Help Centre de Bristol.

Durante la última década tuve el privilegio de ser testigo de la extraordinaria forma en que nuestros pacientes del Cancer Help Centre cambiaban –espiritual, psicológica e incluso físicamente–, a medida que seguían el Programa Bristol de autocuración. Enfrentarse a una enfermedad que conlleva un riesgo de muerte causa estragos en la resistencia del sistema, y lo primero que se esfuma es la paz mental. Hemos visto innumerables veces la influencia restablecedora de la meditación, de encontrar la verdad en las profundidades del ser que apenas sabíamos que existía, de aliviarse al sentir la tranquilidad del alma.

Al principio la conciencia se apacigua y equilibra notablemente, y luego se da una extraordinaria expansión. Es como despertarse después de dormir muchos años. Hemos visto representada la leyenda de la «bella durmiente» una y otra vez, a medida que los pacientes descubren realmente quiénes son y encuentran la música de sus vidas. A veces hemos visto semejante iluminación espiritual que el cuerpo se vuelve superfluo en una muerte consciente de infinita belleza. Da la impresión de que la meditación abre las puertas de esta vida y del más allá...

A la mayoría nos resulta difícil aprender sin un maestro y guía. Usted, lector, probablemente piensa que «cuando el alumno está preparado, llega el maestro». Como dije antes, innumerables veces traté en vano de emprender el camino de la meditación antes de conocer a Jessica Macbeth, a la que agradezco enormemente que haya recopilado sus notas de enseñanza en este excelente libro.

Aquí están sus ideas e indicaciones, expresadas con tanta elegancia y humor que es extremadamente fácil seguirlas. Ni por un momento tendréis la sensación de leer palabras salidas de la excelsa boca de un gurú, sino que más bien tendréis la sensación de estar con una avezada compañera de viaje que conoce el camino un poco mejor que vosotros y, señalando los letreros, os ayuda a pasároslo bien durante el trayecto.

Meditación creativa *nos conduce a través de la Llanura de las Reflexiones, calma las emocionales aguas del Mar de los Cambios y nos guía en la ascensión de la montaña hacia el Lugar de la Luz. Podemos topar con dificultades: dragones y serpientes, rayos y truenos, inmensos bosques y nieblas de confusión. Nos podemos encontrar igualmente a la deriva en un mar embravecido, pero como buenos peregrinos, sabemos que nuestra práctica diaria es simplemente un camino que lleva al Lugar de la Luz donde «Todo es Uno».*

Meditación creativa *siempre será mi compañero de viaje, y espero que también sea el vuestro.*

Pat Pilkington,
co-fundadora del Cancer Help Centre de Bristol.

Agradecimientos

Expreso mi gratitud

a Don Holland, por su inspiración, su tiempo y sus ideas, por la paciencia de leer infinidad de veces cosas que ya conocía, por señalarme las equivocaciones que decía, por ayudarme a hacerlo bien, y por su amistad;

a Leona Williams Berger, por enseñarme primero a meditar (y mucho más) y por insistir en que lo hiciera;

a Sammye Souder, por su ánimo y su impulso;

a John Logan, por su información, sus años de apoyo, y por Inspirar Verdad y Expirar Falsedad;

a Judy Dean, por su estimable sabiduría, gracia y consejo, y por mucho más;

a Judith Bromley, por un mágico encuentro entre piedras inmóviles, por los ánimos que me infundió y por su inspiración artística;

a Nancy Nelson, por hacerme partícipe de su amistad y sabiduría;

a Elizabeth St. John, por su conocimiento y generosa enseñanza y por ser una vieja amiga en una nueva tierra;

a Alick Bartholomew, por su amistad y su fe, por explicarme cosas, observarlas, y hacerlo todo posible;

a Sonja Clement, por conocer la diferencia y por su entusiasmo;

a Pat Pilkington, por establecer contactos y por su cálido apoyo;

a Jenny Jackson, por «intentar leer», por ser tan maravillosa, y por dejarme verla crecer;

a Dee Schwartz Logan, por sus sugerencias y por cocinar a medida que se acercaban los plazos de entrega;

13

a Warren Wise, por su ordenador, sin el cual seguramente esto no existiría;

a los miembros de la Orden Ascending Spirit, por compartir el camino con bondad y amor;

a todas las personas de los Grupos del Miércoles –en especial a Joe Bibbey, Felicity Bowers, Wanda Butler, Don Holland, Gemma Ireland, Jonathan Lane, Olga Lawrence, Nancy Nelson, Su O'Donnell, Bonnie Proctor, Indre Ratiu, Ian Roberts, Celia Thomas, Tamara Ward Vogel, Columb Whelan, y Warren Wise–, así como a June Hall-Hall y Sam Butler, que aunque se hayan ido, no nos olvidamos de ellos;

y a todos los demás, en especial a mis estudiantes, que con tanta generosidad compartieron conmigo su sabiduría y sus ideas y me guiaron a lo largo de todos estos años.

Introducción

Este volumen es una guía del fascinante mundo de la meditación, tal como lo he ido conociendo desde que empecé a meditar hace unos veinte años. Siempre me habían interesado las habilidades y capacidades del potencial mental, pero hasta entonces no había encontrado a nadie que me enseñase cosas que me interesasen. Un buen día, mi tía decidió aprender a meditar. Le iba tan bien que me sugirió, con imperiosa insistencia, que lo hiciera, y para empezar me enseñó un ejercicio muy elemental. Me resistí, pero finalmente me avine a practicarlo, y casi de inmediato percibí sus efectos positivos.

Así pues, aquí estoy, unos veinte años más tarde, tras haber escuchado a algunos profesores y haber practicado horas y horas. Evidentemente, considero que vale la pena. De hecho, no exagero si afirmo que ha cambiado mi vida. Los primeros cambios que noté fueron físicos; me desaparecieron las alergias, me subió la presión sanguínea que siempre tenía baja, y dejé de resfriarme y de tener afecciones en el pecho con tanta facilidad. Aunque no tenía nada grave –sólo esas cosas que la mayoría acumulamos con el paso de los años–, me satisfacía ver que incluso eso desaparecía. Y además, me sentía más serena, y ello me permitía enfrentarme mejor a las complicaciones de la vida, que no me alteraban tanto como antes. Este cambio, aunque tampoco era extremo, era apreciable. Por otro lado, mi vida espiritual se abrió como una flor en primavera.

Aparte de practicar la meditación durante los últimos veinte años, he enseñado a muchas personas a hacerlo, sea como un fin en sí mismo, o como parte de un programa de autodesarrollo. De hecho, este libro en principio estaba formado por notas y ejercicios para mis clases. Cualquier persona que haya utilizado un tratamiento de textos sabe lo sencillo que es cambiar una cosa acá y añadir algo acullá. Escribía cada vez más, para proporcionar la información «esencial» para mis estudiantes, hasta que finalmente, se hizo casi imposible consultar las notas, que comenzaban a parecer el embrión de un libro.

Sugerí a Alick Bartholomew, de Gateway Books, la posibilidad de hacer un libro y le gustó la idea de publicar una concisa guía para la meditación. Ambos pensábamos que hacía falta un libro actual, claro y simple, que respondiera al qué, por qué y cómo de la meditación. Un volumen que tratase sobre el proceso de la meditación, sus posibilidades y sus técnicas, pero que dejase al lector la decisión de cómo aplicarlo. Digamos que nos propusimos crear un mapa que mostrase el territorio, para que el lector elija el objetivo que quiera alcanzar y el camino por el que quiera buscarlo.

Espero que vuestro viaje por esta tierra interior sea rico y merezca la pena.

Primera parte

La naturaleza del territorio

1. Lo que podemos encontrar

Al empezar a practicar la meditación descubrimos todo un mundo en nosotros mismos. Si bien ese mundo resulta familiar en algunos aspectos, también encierra regalos, tesoros, talentos y otras cosas difíciles de imaginar. Pocas cosas son más útiles y ofrecen mayor aliciente que explorar ese mundo interior. La práctica de la meditación nos guía por un camino de crecimiento y descubrimiento. Crecemos desarrollando nuestro potencial creativo y descubrimos en nosotros una fuerza y una magia insospechadas.

Visualizar simbólicamente ese mundo interior ayuda a iniciar el recorrido. Cabe imaginar, por ejemplo, una vasta Llanura, la Llanura de las Reflexiones, el mundo interior de la mente. En esa llanura hay grandes universidades y bibliotecas, rebosantes de sabiduría y conocimiento. Hay laboratorios bien equipados en los que descubrir y aprender cosas nuevas. Hay también una torre de marfil, desde la que se puede explorar el entorno, edificada en la frontera de tierras desconocidas.

Hay bosques en los que nos podemos perder y confundir, o animales, míticos y reales, que nos pueden asustar. Hay desiertos en los que nos sentimos aislados y solos, y profundos cañones en los que podemos caer, con dragones mentales que acechan desde el fondo. Esos estrechos valles dividen la Llanura de las Reflexiones en centenares de pequeños reinos, muchos de ellos aislados de los demás. En esos reinos, la gente hace las cosas que suelen hacer las personas, animadas y apáticas, honestas y deshonestas, creativas y destructivas. Algunas de esas personas llevan máscaras de personas que conocemos, aunque debajo todo el mundo tiene su cara secreta.

La Llanura de las Reflexiones tiene un suelo riquísimo; y en ese mundo interior de la mente pueden obtenerse maravillosos cultivos. Hay tesoros ocultos y caminos desconocidos que deparan aventuras. Aunque en la vida no hiciéramos otra cosa que explorar la Llanura de las Reflexiones, esto es, nuestros recursos mentales y nuestra sabiduría, no perderíamos el tiempo. De todos modos, nuestro mundo interior es algo más que eso.

Imagínese que en el centro de esa Llanura hay una inmensa extensión de agua, tan grande como un mar interior. Son las aguas de la emoción, el Mar de los Cambios. Es un mar un tanto mágico, que puede ora ser salado y amargo como las lágrimas, ora verse sacudido por una violenta tormenta, ora despejarse y brillar con un alegre oleaje a la luz del sol. En sus profundidades viven primitivas criaturas del origen de la vida, que durante las tormentas emergen a la superficie para asustar a los incautos.

Las tormentas a veces salen del mar, tierra adentro, arrasando por donde pasan. El sol puede arrastrar las brumas que se levanten sobre las aguas, y dejarlas caer como suave lluvia, alimentando lo que crece en la llanura. La condición de ese mar gobierna el tiempo del mundo interior. A veces el Mar de los Cambios queda sumido en una profunda calma, sus tranquilas aguas reflejan las estrellas y, en medio de esa paz, el canto irresistiblemente dulce de las sirenas se eleva hacia el cielo.

En el centro del Mar de los Cambios se levanta una montaña de empinadas laderas, el inexpugnable e inexplorado núcleo de nuestro ser. Para la mayoría de nosotros es realmente la *terra incognita*, la tierra desconocida. Desde la lejana orilla de la Llanura de las Reflexiones parece difícil acceder a la montaña, imposible ascenderla. La cumbre queda escondida tras las nubes y sus raíces se adentran profundamente en la tierra.

Cuando el mar se encrespa, la montaña queda completamente apartada de la llanura. Cuando amaina es posible acercarse y, en completa calma, desembarcar en la montaña e iniciar el ascenso de su escarpada ladera hacia la cima oculta. Esas calmas marinas, que son infrecuentes, deben durar mientras escalamos la montaña, pues la más mínima alteración de su superficie salpicará la montaña, nos hará perder pie y caeremos rodando al agua.

Pero hay otro sendero, mágico, hacia arriba de la montaña, en el centro del ser. Toda las personas y las cosas que encontramos en esta tierra constituyen una imagen, otra cara de nosotros; personas, dragones, espejismos, abismos, montañas, torres, clima, hierba, caminos, obstáculos, montañas. Todo es un reflejo de nuestra cara secreta. Imagínate que cada una de esas imágenes tiene una campana que repica. Algunas tocan con suavidad, otras fuerte, algunas suenan discordantes, otras con melodiosa armonía. Nos proponemos acompasarlas a medida que caminamos por este mundo, para que suenen al unísono con claridad.

Cuando eso ocurre, cuando cesan las discordancias, cuando todo nuestro ser es uno, la nota cambia y eleva el espectro auditivo normal a un silencio intenso y pleno. En ese momento la llanura se calma, el mar se apacigua por completo, las nubes desaparecen, y la luna se alza en el cielo, sobre la montaña. En ese momento, desde la silenciosa ribera, avistamos un suave sendero de luz brillando sobre el agua, una iluminación del espíritu, que lleva directamente hacia la desconocida cúspide de la montaña. Si nos aventuramos por el camino, alcanzaremos rápidamente y sin esfuerzo la cumbre, el Lugar de la Luz. Desde ahí se aprecia toda la Llanura de las Reflexiones, el Mar de los Cambios, las estrellas del firmamento y las profundidades que hay detrás. En ese momento sentimos las raíces de la montaña en el corazón, la canción de las estrellas, y sabemos que formamos uno con el todo.

La meditación es una manera de hacer el camino a través de ese mundo interior, de descubrir su verdadera naturaleza y sus propiedades, y de afinar las campanas para que su nota única cambie este mundo. Como primer paso de ese viaje, probemos un ejercicio simple.

> *En primer lugar, asegúrese de que nadie le interrumpirá en los próximos cinco minutos. Entonces, sentado en una posición cómoda, cierre los ojos y preste atención a la respiración. No se fije en nada excepto en la respiración. Ignore por completo todos los sonidos que oiga, los pensamientos que le vengan a la mente, o cualquier otro tipo de sentimiento o de sensación corporal. Durante cinco minutos, centre toda su atención en la respiración.*

Quizá le ha resultado difícil hacerlo, le han pasado por la cabeza ideas inesperadas, le han distraído los sonidos u otras cosas de su alrededor, se le ha complicado la respiración porque le prestaba atención, o le ha sorprendido lo difícil que es mantener la concentración durante un espacio tan corto de tiempo y lo largos que pueden ser cinco minutos. Tal vez ha tenido sentimientos de sorpresa, frustación o rabia, al ver lo recalcitrante e indisciplinada que es la mente, o esté contrariado por haber estado quieto ese rato.

La pregunta que plantea todo el mundo es ¿por qué meditar? Sólo alguien que nunca haya tratado de practicar la meditación, aunque sea con una técnica simple como la del ejercicio anterior, puede preguntarse para qué sirve dedicar un cuarto de hora cada día a sentarse sin hacer nada, o si, en el fondo, no es más que una excusa para holgazanear. Para la mayoría es, sobre todo al principio, una de las cosas más difíciles que hayamos tratado de hacer. En cualquier caso, hay razones de peso para intentarlo.

La práctica de la meditación reduce la tensión e induce a la relajación, mejora la concentración y la autodisciplina, transmite la sensación de que se está mejor, aumenta la energía, favorece el desarrollo de la psique y el crecimiento espiritual, disminuye la presión sanguínea alta, facilita la recuperación del cansancio físico (a veces más deprisa que durmiendo), induce a la serenidad y mejora la capacidad para escuchar (a los demás, a nuestro cuerpo y a nosotros mismos). Éstos son sólo algunos de los beneficios prácticos. Además, la meditación es gratuita, no es tóxica, no engorda, y no contiene conservantes ni colorantes. ¿Qué más se puede pedir a cambio de un poco de tiempo y atención?

Además, la meditación es algo que hacemos para nosotros, un regalo que nos hacemos. Con ella descubrimos la tierra; la estimulante, fascinante, rica llanura de la mente; el inmenso mar de las emociones; y, en el centro, la montaña, nuestro poderoso corazón, arraigado en la tierra y tocando el cielo. Descubrimos qué hay más allá de la superficie y quiénes somos en realidad. A veces hablamos de la necesidad de querernos y valorarnos, de tener amor propio y apreciarnos, pero da la impresión de que raras veces sabemos cómo hacerlo. La meditación es un presente de amor que nos hacemos, y que nos ayuda a adoptar una actitud positiva hacia nuestro ser y a descubrir la luz que llevamos dentro.

La gente se interesa mucho sobre la relación entre cuerpo y mente. Cada vez se es más consciente de que lo que se piensa afecta a los sentimientos y las emociones, y éstos, a su vez, afectan la salud. Pero, a pesar de todo, los pensamientos constituyen la parte de nosotros sobre la que tenemos menos control. Nos perdemos a menudo entre la frondosa vegetación y los árboles nos impiden ver el bosque. La meditación es una forma de controlar lo que nos pasa por la cabeza.

A casi todo el mundo le parece lógico que un atleta, además de su deporte, haga estiramientos y ejercicios musculares; tiene que tener el cuerpo fuerte y flexible, y trabajar en armonía para desempeñar bien una actividad concreta. El músico aprende escalas y ejercicios que aumentan su destreza, fluidez, fuerza, control y atención. Del mismo modo, el artista practica ejercicios para mejorar su control y destreza manual, para ver con mayor precisión y transmitirlo al lienzo o a la arcilla. Si no podemos dibujar un jarrón con precisión, tampoco podremos dibujar una imagen concreta en la mente.

El talento nunca es suficiente por sí solo. Para potenciar y aprovechar el talento se necesita habilidad y técnica, las cuales sólo se adquieren con la práctica. También hay ejercicios para desarrollar la fuerza, la claridad, la atención, la flexibilidad y el control potencial de la mente, y son ejercicios que se han conocido y practicado en todas las culturas durante miles de años.

Todo lo que figura aquí sobre ejercicios de meditación comporta unos resultados: descubrir los tesoros del mundo interior. Esos resultados (o «efectos secundarios», para hablar con propiedad) de la meditación se clasifican en tres categorías básicas: práctica y física, psicológica, y espiritual. Más adelante consideraremos los efectos psicológicos y espirituales, pero primero veamos los efectos prácticos y físicos.

2. Tesoros encontrados al borde del camino

Nada más empezar nuestro recorrido interior, encontramos tesoros en el camino. Son cosas prácticas y positivas que nos pasan precisamente porque meditamos. Antes se han mencionado brevemente algunas, pero analicemos con más detalle cómo la práctica reporta esas cosas.

Concentración y autodisciplina

La habilidad para concentrarse, para mantener la atención en una cosa, sin distraerse, de modo que podamos centrar en ello toda la capacidad mental, se mejora con la práctica. La meditación *es* concentración, una forma especial de conciencia, que si bien es relajada, al mismo tiempo está dirigida. Es concentración sin tensión.

Muchos estábamos condicionados por la idea de que para que la concentración sea efectiva debe haber tensión. Esto concuerda con la errónea idea según la cual todo lo que vale la pena es difícil y, por deducción, lo que es fácil no vale la pena. Según eso debemos tensar los músculos del cuello, de los hombres y de la cara para pensar bien. Cuando éramos estudiantes, para demostrar al profesor que lo *intentábamos*, crujíamos sobre la mesa, y golpeábamos el bolígrafo con tanta fuerza que los nudillos se nos volvían blancos.

Evidentemente, el problema que esto implicaba era que consagrábamos nuestra energía y atención en intentar demostrar que tratábamos de hacer algo, en lugar de dedicarnos a pensar. Parece obvio que el cerebro debe funcionar mejor cuando el oxígeno y

24

los nutrientes le llegan fácilmente que cuando la tensión muscular impide la irrigación sanguínea. Cabe preguntarse cómo se podía saber que realmente lo intentábamos. Por estúpida que parezca esta actitud, lo cierto es que la mayoría la desarrollamos de niños y luego nos sigue influyendo mucho. No deja de ser curioso que *atención* suena igual que *tensión*.

La meditación brinda la posibilidad de liberarse del hábito de esforzarse para fijar la atención, y permite practicar la concentración en combinación con una profunda relajación. A medida que meditamos descubrimos que nos concentramos mejor si nos esforzamos menos en otras cosas como, por ejemplo, apretar los labios con fuerza, o fruncir el ceño. Tratamos de hacer extensiva esta nueva forma de ser a otros aspectos de la vida.

De esta forma disponemos de más energía para pensar y lo hacemos con más claridad y eficacia. Aunque algunas personas lo consiguen sin utilizar mucho la mente, a la mayoría nos parecerá que, en muchos casos, es una ventaja concentrarse sin distraerse. Dando un ejemplo algo cómico, digamos que una persona que alcanza un estado avanzado de esa relajada concentración puede incluso hacer sus cuentas sin elevar los hombros a la altura de las orejas.

La palabra concentrarse se deriva de palabras que significan *unirse en un centro*, y la meditación trata de llevarnos al pacífico centro de nuestro ser, la montaña del centro del mar. Desde ese tranquilo centro podemos pensar y actuar con equilibrio y soltura, en vez de con estrés y confusión.

La autodisciplina está muy relacionada con la concentración. Para seguir un programa regular de meditación, en general debemos volvernos más disciplinados. Nadie nos obliga a serlo; probablemente a nadie le preocupa siquiera si lo hacemos. Depende de nosotros, y la mejor razón que tenemos para decidirnos es que es *por nosotros*. Nosotros somos los beneficiarios, y tanto puede ser que los demás aprecien nuestros cambios, como que no los perciban.

Hay como un potencial circuito positivo que se realimenta a sí mismo. Hacer regularmente los ejercicios de meditación es una manera de ejercitar la autodisciplina. Cuando se hace algo a menudo, se tiende a hacerlo cada vez mejor, y con la meditación ocurre lo mismo. El ejercicio de la autodisciplina no sólo aumenta la concentración en la meditación, sino que también repercute en nuestra vida cotidiana, animándonos a ser un poco más disciplinados, organizados y eficientes en otras facetas, lo cual a su vez nos ayuda a ser más disciplinados en la práctica de la meditación. Cada vez que damos una vuelta vamos ganando.

Relajación y autocuración

Con la meditación se aprende con facilidad y naturalidad a reducir la tensión habitual o excesiva. Al meditar se está muchas veces profundamente relajado, lo cual es, de hecho, una señal inequívoca de que se medita bien. Cuando eso ocurre, el cuerpo puede experimentar sorprendentes cambios que se logran con más eficacia y rapidez a través de la meditación que mediante la relajación que se produce cuando nos apoyamos en la silla y dejamos ir nuestra atención.

Por ejemplo, se ha demostrado que la cantidad de ácido láctico en sangre (que aumenta rápidamente cuando se tiene estrés o ansiedad) se reduce antes con la meditación que con el sueño o la relajación ordinaria.* A muchas personas les sorprende que esos ejercicios *mentales* tan sencillos puedan tener un efecto fisiológico significativo y mensurable. La meditación también influye positivamente en otros indicadores fisiológicos de la tensión, como el pulso cardiaco, la presión sanguínea y el oxígeno que se inspira. Además, algunos trastornos relacionadas con el estrés, sobre todo la presión alta o los dolores de cabeza causados por la tensión, se pueden aliviar, o incluso eliminar, mediante la meditación regular.

Esos efectos fisiológicos justificarían por sí solos la práctica de la meditación. Los trastornos relacionados con la tensión son, con diferencia, las enfermedades más corrientes de nuestra sociedad. Esas afecciones pueden volverse crónicas o recurrentes y a menudo apenas responden a los tratamientos médicos usuales.

* Véase «The Physiology of Meditation», de R. K. Wallace y H. Benson, en *Scientific American*, 1972, 226, n.º 2, pp. 84-90.

Cuando practicamos con perseverancia no sólo nos relajamos extraordinariamente durante la meditación, sino que asimismo cambian gradualmente nuestras reacciones ante las situaciones tensas o estresantes de la vida cotidiana. Al cabo de cierto tiempo reaccionamos con más tranquilidad, relajación y probablemente con una actitud más constructiva.

Todos sabemos que cuando estamos agotados o tensos tenemos más propensión a contraer enfermedades contagiosas que cuando estamos relajados.* Y si enfermamos, la meditación y su consiguiente relajación hacen que los sistemas de recuperación naturales del cuerpo funcionen con más eficacia. Si estamos en estado de tensión o estrés absorbemos energía, mientras que si utilizamos esa energía para curarnos, aceleramos naturalmente el proceso de curación.

Escuchar

Una de las cosas más difíciles e importantes que se aprenden practicando la meditación con continuidad es la habilidad para escuchar realmente, para quedar en silencio con nuestra mente, y oír como probablemente no lo hacemos desde la infancia. Este tipo de escucha puede ser dirigido tanto hacia adentro como hacia afuera. La práctica de la meditación implica una relajación y una mayor capacidad de concentración, pero aprender a escuchar bien requiere un esfuerzo adicional.

Por experiencia propia todo el mundo es consciente de que a menudo uno no escucha realmente lo que dicen los demás. Durante una conversación, mientras una persona habla, el interlocutor generalmente «escucha», evalúa lo que se está diciendo y formula una respuesta, todo simultáneamente. No podemos oír con nitidez porque, al mismo tiempo que escuchamos a la persona que habla, nos hablamos a nosotros mismos y solemos prestar más atención a la voz que tenemos dentro de la cabeza.

Con demasiada frecuencia el que escucha apenas oye real-

---

* Véase *Maximum Immunity*, de Michael A. Weiner, pp. 44.

mente los razonamientos de la otra persona. Se limita a suponer que el que habla dirá ciertas cosas, y su evaluación y respuesta se basan en esa suposición, en lugar de en lo que dice en realidad. Eso puede bastar para muchos diálogos casuales, pero las conversaciones más profundas e importantes merecen ser escuchadas mejor. Este principio también se aplica a lo que escuchamos de nuestro interior, a partir de lo cual aprendemos de nosotros y clarificamos nuestras necesidades y sentimientos. Nuestra Llanura de las Reflexiones necesita escuchar, tranquila y atenta.

Autoconciencia

Pocos somos realmente conscientes de lo que nos dice el cuerpo. No siempre percibimos las señales de aviso, como un cansancio excesivo, irritabilidad, ligera depresión, disminución de la energía física, psicológica y/o psíquica, molestias y dolores, aumento de la tensión, etcétera. Son señales que se producen antes de la disfunción o interrupción de un proceso físico o mental. Cualquier cambio en nuestra salud física o emocional va precedido por esos avisos, pero a menudo estamos demasiado distraídos o somos demasiado inconscientes como para notarlos. Solemos ir por la vida tan deslumbrados por el mundo exterior que sólo nos acordamos del mundo interior cuando está seriamente afectado.

Con la meditación aprendemos a captar esas señales, adquirimos práctica para dirigir los sutiles cambios que nos ocurren, no sólo en el aspecto físico, sino también mental, emocional y energético. A medida que nos conocemos más, aprendemos a relacionar distintos estados físicos y emocionales, y a reconocer cómo los sentimientos nos afectan física y mentalmente. Muchas personas, cuando se les pregunta cómo se *sienten*, responden lo que *piensan*, incapaces de dar una respuesta clara de sus sentimientos. Cuando meditamos nos volvemos más conscientes y sensibles respecto a nuestros sentimientos y cuerpos. No sólo aprendemos a relajarnos, sino también a reconocer antes cuándo necesitamos liberarnos.

Sensibilidad

Al iniciarnos en la práctica de la meditación, primero sentimos sutiles cambios físicos, mentales y emocionales, y luego empezamos a percibir esas energías en los demás. Nos volvemos más conscientes de esos estados, tanto si proceden de nuestro cuerpo físico o de nuestra mente inconsciente, como del cuerpo y la mente del prójimo. Podríamos decir que la sensibilidad se extiende a zonas de la mente que antes eran inconscientes.

Una de las principales funciones de los ejercicios de meditación consiste en aprender a tranquilizar la parte verbal y analítica de la mente para percibir con más frecuencia y claridad las más sutiles señales no verbales. Si captamos mejor los avisos personales de estrés y cansancio, aumenta nuestra sensibilidad hacia ello y conocemos mejor nuestras necesidades y las de los demás; también desarrollamos un sentido de lo que es «correcto» o «incorrecto» en situaciones que requieran una elección. Los «presentimientos» y las «intuiciones» se vuelven más claros y exactos.

Estos resultados son consecuencias naturales comunes a la mayoría de este tipo de ejercicios de meditación, aunque muchos, probablemente casi todos, tuvieron inicialmente otra finalidad.

3. Tesoros de la psique y del espíritu

A medida que avanzamos encontramos otros tesoros más sutiles, placeres de la psique y del espíritu. Son como maravillosas mariposas y deslumbrantes amaneceres, alegrías del momento que nos pueden influir mucho.

Hubo un tiempo, hace muchos, muchísimos años, en que casi todo era «espiritual». La humanidad lo consideraba todo como algo vivo, y lo veía todo, incluida a sí misma, como algo divino. A lo largo de milenios de tentativas y fallos, el hombre elaboró una serie de técnicas para sentir en sí mismo y en el mundo una calidad que consideraba como la presencia de la divinidad. Hoy en día practicamos un gran número de esas técnicas como ejercicios de meditación.

Muchas cosas a las que concedemos extrema importancia, probablemente esos pueblos antiguos les prestaban escasa atención, pues las daban por hechas. Tenían un estilo de vida diferente, vivían en mayor armonía con la naturaleza, trataban el estrés de otra manera, y les resultaban naturales algunas actitudes y experiencias que a nosotros hoy en día, en nuestra cultura industrial, multitudinaria y ajetreada, nos exigen un esfuerzo. Para ellos el contacto con la naturaleza y la percepción de algún tipo de elevado poder era una parte integrante e inextricable de la vida cotidiana. La primera razón para pensar que fue así es porque *desarrollaron* ejercicios que han perdurado a través de los siglos. La segunda razón, y creo que es la más importante, es que muchos niños tienen espontáneamente esas experiencias mágicas, místicas, de tipo espiritual, tanto respecto al mundo como respecto a sí mismos..., hasta que aprenden a pensar y desenvolverse de un modo que inhibe esas percepciones.

Esos contactos, cuando se perfeccionan y clarifican, pueden

llevar a la experiencia que denominamos con diversos términos, como «mística», «satori», «kensho», «nirvana» o «maravillosa». Hace tiempo que se descubrió que la práctica de unos ejercicios mentales (y a veces físicos) específicos favorece esas experiencias. Quienes han valorado esas experiencias y el crecimiento interior que suscitan esas técnicas las han transmitido generación tras generación.

En algún tramo el camino es resbaladizo; algunos buscan el éxtasis en provecho propio, sin más, mientras otros van más allá y utilizan la experiencia extática para iluminar sus sombras y para que les impulse hacia el crecimiento personal y espiritual. Las cosas que menciono en estas páginas las denomino «efectos secundarios», tesoros encontrados al borde del camino, porque originalmente los principales objetivos de la meditación eran, y siguen siendo para muchos, la experiencia del éxtasis y el crecimiento psicológico y espiritual resultante.

A pesar de que hoy en día separamos los conceptos de «psique» y «espíritu», se reconoce cada vez más que la meditación es decisiva en el crecimiento personal. Ayuda a superar los obstáculos psicológicos y a estabilizar las reacciones emocionales, así como a tener una visión más precisa, tanto de uno mismo como de los demás.

Ahora que ya conocemos algunos resultados de la meditación, analicemos qué es exactamente.

4. Definición de los límites

Una de las razones por las que es tan interesante explorar nuestro mundo interior es porque gran parte del terreno figura en el mapa como *terra incognita*. Conocemos algunas zonas de la Llanura de las Reflexiones, la superficie del Mar de los Cambios y muchos hemos vislumbrado la montaña del centro del mundo. Pero la mayor parte, inexplorada, nos es desconocida. Antes de emprender el viaje, consideremos adónde podemos ir.

Con el término «meditación» ocurre como con la palabra «amor»: no sólo significa diferentes cosas para distintas personas, sino que también una misma persona puede atribuirle diversos significados en distintos momentos. Si se pregunta su significado a diez personas, se obtendrán por lo menos diez respuestas, quizá incluso más. Unos dirán que es pensar sobre un problema; otros que es sentarse y mirar las imágenes de la mente; otros que es practicar un tipo de ejercicios con cantos y complicadas visualizaciones; otros que consiste en cantar el *mantra* que te indica el gurú; otros que es sentarse tranquilamente y esperar la inspiración; otros que es tratar de conseguir el silencio interior; y otros que es la experiencia de la unión con Dios. Lo malo es que todos tienen razón. Las palabras son como las personas; crecen y cambian con la vida, y estos términos tienen una historia muy larga.

Algunas definiciones y distinciones

Las términos que utilizamos determinan y limitan lo que pensamos de las cosas, por lo que es esencial definirlas con extremo cuidado para comunicarnos con claridad. Observemos algunas definiciones de diccionario sobre *meditar* y algunas palabras relacionadas con ello:

Meditar (*Latin:* meditor = *pensar, reflexionar sobre, considerar, concebir, proponer, intentar, ejercitar la mente, practicar. Sánscrito:* madh-a = *sabiduría.*) *1. Reflexionar sobre; estudiar, ponderar. 2. Observar con atención. 3. Planificar dando vueltas a la cabeza; imaginar mentalmente. 4. Pensar. 5. Ejercitar la mente mediante el pensamiento o la contemplación, especialmente en actitud devota.*

Contemplación (*Latin:* con = *con, junto con,* y templum = *espacio abierto para la observación marcado por el augurio.*) *1. La acción de percibir. 2. La acción de ver mentalmente; consideración atenta, estudio, meditación. 3. Reflexión religiosa.*

Considerar (*Latin:* con = *con, junto con,* y sidus *o* sideris = *las estrellas. Observar las estrellas.*) *1. Observar atentamente, contemplar, examinar, inspeccionar. 2. Mirar objetivamente. 3. Contemplar mentalmente, pensar sobre, meditar sobre, prestar atención a, tomar nota de.*

Meditar, considerar y *contemplar* son hoy en día palabras comunes que significan más o menos lo mismo: pensar o reflexionar sobre algo. Sin embargo, si se observan los orígenes de esas palabras, surgen algunos conceptos interesantes. *Considerar* tiene sus raíces en la astrología, en observar lo que dicen las estrellas. *Contemplar* se deriva de la lectura de los presagios por un augur o adivino y del «espacio vacío» en el que se realizaba esa lectura. *Meditar* procede de la denominación sánscrita de sabiduría, que se puede alcanzar por razonamiento lógico, por la comprensión de las propias experiencias, o por inspiración.

Antes de su aplicación actual, el significado de esas palabras ha tenido diversos matices. Ahora se está añadiendo otra capa al término *meditación*, que cada vez se utiliza más para referirse a un tipo de ejercicios mentales cuyo objetivo es crecer psíquica y espiritualmente, tener más estabilidad mental y emocional, y mejorar la salud física.

En este libro trataremos sobre la aplicación de ciertos tipos de ejercicios de meditación, concebidos con una finalidad específica. Son disciplinas mentales para alcanzar un estado en el que podamos concentrarnos estando, al mismo tiempo, tranquilos y relajados. Son técnicas para crear un silencio interior, calmando la Llanura de las Reflexiones y las aguas del Mar de los Cambios. Del término *contemplación* aplicamos el concepto de crear un espacio abierto en la mente, para que la luna trace sobre las aguas un camino mágico hacia la cima de la montaña.

El símbolo circular de las ilustraciones se denomina *enso*, en japonés. Para el calígrafo zen simboliza el estado de unión mística, «vacía y, sin embargo, llena, infinita, luminosa y completa».* En Occidente, el círculo ha representado durante mucho tiempo algo infinito, completo en sí mismo, perfecto. Aquí simboliza el espacio abierto en la mente, el estado de perfecta quietud, tan silencioso y reflexivo como la Luna. Imaginemos por un momento qué más podría pasar en ese espacio tranquilo y abierto. En un estado de quietud concentrada y relajada pueden darse o evocarse imágenes y curaciones. Podemos aplicar imágenes, tanto las que se dan espontáneamente como las que invocamos deliberadamente, para favorecer la autoexploración, la autocuración y la relajación; para aumentar nuestra mirada interior y para recibir inspiración. Las imágenes pueden ser visuales –su modo de manifestación más común–, auditivas o cinestéticas, es decir, podemos verlas, oírlas o sentirlas.

La percepción, la información y la inspiración también pueden darse en la mente silenciosa bajo otras formas, como si recordásemos algo que hayamos experimentado o leído alguna vez, o simplemente como un pensamiento repentino, una manifestación de conocimiento. Esas cosas sólo pueden penetrar en la ocupada mente, con extrema dificultad, y sólo si interrumpe sus ocupaciones y queda momentáneamente en silencio. Ésa es otra razón por la que esos ejercicios, que enseñan cómo conseguir la tranquilidad mental y volverse lo suficientemente abierto como para per-

* Citado por O. Sogen y T. Katsujo en *Zen and the Art of Calligraphy*, p. 54.

mitir el conocimiento de uno mismo y el crecimiento psíquico y espiritual, son tan valiosos.

Hay que reconocer, sin embargo, que esas cosas –la percepción, la inspiración, la curación– *no son meditación* en el sentido que aquí damos al término. Pueden darse con más fuerza y claridad cuando se practica la meditación y se entrena la mente para que esté relajada, centrada, y escuche. A veces esas cosas ocurren espontáneamente al meditar, y entonces hay que considerarlas como una distracción. Más adelante podremos utilizarlas para el crecimiento psicológico o espiritual. La verdadera meditación, tal como la definimos, es la práctica de unos ejercicios que infunden claridad y silencio en la Llanura de las Reflexiones, y calma y tranquilidad en el Mar de los Cambios.

Tras extendernos sobre lo que es la meditación y para lo que nos puede servir, analicemos también brevemente lo que no es.

5. Aquí hay dragones

Los antiguos cartógrafos señalaban los lugares desconocidos con expresiones como «Morada del Gran Wyrm» o «Aquí Yacen Monstruos». Aunque ahora los creadores de mapas tienen menos imaginación, el hombre sigue manifestando ese tipo de curiosas creencias. Hay gente que aduce ideas de esta clase para no practicar la meditación, aunque en cualquier caso suelen ser personas que nunca la han practicado y no saben lo que es. Todos sabemos que en la *terra incognita* hay monstruos y que suelen ser mitos. Si una persona explica a mucha gente que ha comenzado a practicar, puede que le hagan comentarios de este estilo:

● *Sería egoísta y caprichoso perder tanto tiempo en provecho propio.* Aquí hay dos fallos importantes. El primero, que el que habla no dispone de los diez o veinte minutos diarios necesarios para meditar, lo cual denota una penosa carencia de amor propio. El segundo es que da por supuesto que los efectos que tiene la meditación sobre el que la practica no repercuten, a su vez, en el trato con los demás. Esto es obviamente erróneo. De hecho, al comenzar a practicar, a muchas personas les sucede que los demás les hacen comentarios positivos sobre sus cambios antes de que ellas mismas los perciban. Otros se dan cuenta en seguida de que se vuelven más serenos, sensibles, objetivos y conscientes, cosa que les satisface.

Es evidente que cuando alguien argumenta esta razón, está diciendo *que su interlocutor* es egoísta y caprichoso por dedicarse tiempo a sí mismo, sobre todo si, en el caso de no ser así, dedicaría ese tiempo a la persona que esgrime el argumento.

● *La meditación es adictiva. Las personas que la practican dicen que se encuentran peor cuando no lo hacen, de lo que se deduce que es una adicción.* La meditación satisface una necesidad mental y espiritual, como la comida y el ejercicio satisfacen unas necesidades corporales. Las personas que siguen un equilibrado programa de ejercicios físicos coinciden en que se sienten peor cuando no los hacen. Es porque el cuerpo distingue lo que es bueno y lo echa de menos cuando no lo tiene. Con la práctica de la meditación ocurre algo parecido. Por otro lado, las adicciones suelen producir algún tipo de «euforia» a corto plazo y daños a largo plazo.

Con la meditación ocurre algo curioso. Cuando una persona empieza a meditar, se siente mejor. Con el tiempo comienza a considerar «normal» la nueva sensación y se olvida de que antes no se sentía tan viva, enérgica y serena. Si entonces deja de practicar un día o dos y se vuelve a sentir como antes, se siente mal, aunque, se mire por donde se mire, seguramente está más serena y sana de lo que antes consideraba «normal». Así es el ser humano.

● *Para tranquilizarme no necesito meditar. Me basta con pensar en ello y controlarme.* Hay una diferencia entre supresión emocional –que es en lo que consiste este tipo de «dominio de sí mismo»– y dejarse ir. La supresión de los sentimientos nos deja con un sustrato de emoción cubierto con una capa de rigidez, como si fuese un mar agitado por fuertes corrientes cubierto con una capa de hielo. Es perjudicial para la salud, como dice el anuncio de cigarrillos. La meditación produce una liberación. En lugar de forzar a permanecer en calma, relaja y favorece la formación de un hábito de serenidad. Con la meditación se aprende a estar tranquilo cuando no hay razón para tener ansiedad, en vez de mantener un constante nivel de alerta «por si acaso» se necesita.

● *No necesito meditar, mis problemas son puramente físicos (o mis problemas son reales).* Parecido: *el médico me ha aconsejado meditar, pero lo que de verdad me hace falta es otra medicina.* Esta idea implica que la mente no afecta al cuerpo, y viceversa. Creo que ninguna de las dos cosas es cierta. Todo el mundo sabe que cuando se está hambriento, demasiado lleno, cansado, o enfermo, no se piensa con la misma agilidad que cuando se está en buen estado físico. La gente reconoce cada vez más que la mente afecta en gran manera el cuerpo. Hoy en día muchos médicos y terapeutas prescriben la meditación para casos de elevada presión sanguínea, trastornos cardiacos, migrañas, cáncer y otras afecciones relacionadas con el estrés. A diferencia de muchos medicamentos y tratamientos prescritos para esas enfermedades, la meditación no tiene efectos secundarios.

● *Medito cuando salgo a pasear (o cuando corro, o cuando practico yoga o taichí). No necesito sentarme para hacerlo.* Eso sólo lo puede decir alguien que no comprende qué es la meditación y desconoce los efectos de estar completamente tranquilo. Es prácticamente imposible estar absolutamente tranquilo, con el cuerpo relajado y la mente alerta, cuando se camina, se corre, o se hace cualquier ejercicio. En el siguiente capítulo queda claro que es muy difícil meditar, con toda la atención que ello requiere, mientras se pasea.

Es evidente que se puede caminar, correr o hacer ejercicio en un estado mental tranquilo y de meditación, y eso es muy útil como parte de un programa de reducción del estrés y para fomentar una actitud más serena ante la vida. Sin embargo, no es lo mismo que meditar sentado. Incluso hay algún tipo de meditación que se realiza con movimiento, pero se considera más como suplemento que como sustitución de la que se practica sentado.

● *La meditación es eso que hacen los swamis con esas ropas tan peculiares.* O también: *La meditación es algo que hace la gente rara, no es para la gente normal.* Es verdad que hay gente muy peculiar que practica las técnicas de meditación, y también es verdad que casi todo los swamis meditan. También lo hacen derviches, yoguis, religiosos, monjas, cantantes, actores, fontaneros, programadores, chamanes, amas de casa, ejecutivos, policías, modelos, vendedores y escritores, entre otros. Como dijo Einstein, una idea no es responsable de las personas que creen en ella.

Cabría preguntarse qué significa ser una «persona común y corriente». La definición general parece ser «alguien como yo» o «una persona común que no sea como tú y yo, que somos superiores». Ninguna de las dos definiciones me convence.

● *La meditación saca del mundo real y hace perder el contacto con la realidad.* Aquí hay un atisbo de seudoverdad. Algunas personas utilizan la «meditación» y la «espiritualidad» como una excusa para escapar de la realidad. Eso sólo funciona si, en vez de hacer disciplinados ejercicios de meditación, tratan de «distanciarse». Si se medita como es debido, se tiene cada vez más contacto con la realidad, y no al contrario.

Todo en la vida puede ser un ejercicio espiritual. Es decir, desempeñar nuestro trabajo, mantener la casa limpia, pagar las facturas, cumplir las obligaciones para con nosotros y los demás, ser útiles, experimentar alegría, dolor y otras sensaciones, forma parte del ejercicio *espiritual* de cada uno. La vida cotidiana no está separada de la espiritualidad, y las personas que esgrimen su «crecimiento espiritual» como excusa para evitar la responsabilidad, entorpecen su evolución espiritual. Quien pretenda huir de la realidad puede hacerlo con algo que llame «meditación», pero es improbable que sea con alguna de las simples, aunque exigentes, técnicas descritas en este libro, que suelen seguirlas personas que no buscan una vía de escape de la vida real.

La meditación es una valiosa herramienta porque ayuda a hacer infinidad de cosas prácticas. Como las demás herramientas –piense en todo lo que se puede hacer con un martillo–, se puede utilizar constructiva o destructivamente. Como vimos en el último capítulo, muchos efectos secundarios de la meditación (mayor concentración, reducción de estrés, mejor autodisciplina, entre otros) son obviamente muy útiles, tanto, que muchas personas meditan por esos efectos prácticos y no por razones «espirituales».

● *La meditación crea un estado hipnótico, del que es posible que después no podamos recuperarnos.* Esto es pura superstición. En primer lugar, como saben los entendidos en hipnosis, porque si uno está en trance hipnótico y nadie le despierta, queda sumido en un profundo sueño, del que despierta cuando está descansado.* En segundo lugar, la meditación no es hipnosis. Son dos estados de conciencia alterados, pero lo mismo puede decirse del sueño y de la ensoñación, y nadie sugiere que sean hipnosis. Pocos piensan que sean peligrosos. Esto refleja no sólo una ignorancia sobre lo que es la meditación, sino también un desconocimiento sobre la hipnosis.

● *La meditación puede liberar fuerzas que no comprendemos, que pueden ser peligrosas.* Más superstición, estrechamente relacionada con la anterior. A muchas personas les asusta el misterioso poder de la mente. Creen que la cordura humana es frágil. Muchas personas proyectamos en otras lo que tememos en nosotros, y eso nos lleva a preocuparnos por *su* control del juicio. Indudablemente la mente es un instrumento maravilloso, capaz de hacer cosas asombrosas, algunas de las cuales pueden ser muy desagradables, incluso temibles. Sin embargo, la meditación favorece más la estabilidad que la inestabilidad, la salud que la enfermedad.

● *La meditación es obra del diablo.* Si alguien dice eso, no tiene sentido discutirlo. No hay razonamiento para rebatir ese tipo de expresión, es un artículo de fe. No se basa en la lógica, sino que probablemente se fundamenta en el miedo. Las personas que dicen cosas así suelen desconocer por completo lo que es la meditación, y tampoco tienen ganas de saberlo. Tiene rígidas normas de vida y creen que cualquier desviación de esas reglas hará que Dios les castigue y que el diablo les alcance.

Debemos darnos cuenta de que una respuesta semejante es irracional, está fuera de la razón. Si una persona intenta cambiar mediante la lógica el punto de vista irracional de otra, es como si hablase en sánscrito a un ladrillo. No obstante, nos lleva al interesante tema de la religión y la meditación.

● *La meditación es sólo para personas religiosas y yo no lo soy.* Un error común sobre la meditación es la creencia de que se

* Para un exhaustivo estudio de la hipnosis desde la perspectiva no especializada véase *Self-Hypnotism*, de Leslie LeCron.

trata «sólo» de un ejercicio religioso. Hay seguidores de casi todas las religiones que *sí* la practican, pero no es, básicamente, una actividad religiosa. De hecho, como hemos mencionado, ahora empiezan a practicarla muchos hombres de negocios que, sin ser religiosos, han descubierto el valor práctico de los ejercicios mentales que favorecen la salud, la claridad mental y una actitud más relajada ante la vida.

Esa confusión se debe, entre otras razones, a que, según la tradición cristiana, la meditación se asocia más con el hecho de «pensar sobre» un aspecto particular de la religión. El tipo de ejercicios que generalmente se hacen en la meditación formaron parte, en su momento, de la práctica contemplativa, y no se llamaban meditación. En cualquier caso, en el movimiento de los ejercicios orientales (especialmente de la India) hacia Europa y América, las palabras se aplican con diferentes sentidos y originan una confusión aún mayor.

Como se verá, las técnicas de meditación son ejercicios simples, que tienen efectos complejos y beneficiosos sobre el cuerpo y la mente, y que no tienen nada que ver con la religión o la fe. Así pues, los ejercicios no son «religiosos» en el sentido en que no forman parte de alguna religión en exclusiva, pero indudablemente son espirituales, como todos los aspectos de la vida. La vida diaria es, en todos sus aspectos y con la misma intensidad, un ejercicio espiritual, y en ese contexto estas técnicas son ejercicios espirituales. Son igualmente ejercicios físicos, emocionales y mentales. Ejercitan el cuerpo, la mente y el espíritu.

6. El corazón de la Tierra

Así pues, ¿de qué se trata en realidad este viaje?, ¿adónde esperamos llegar por el camino de la meditación? La meditación es la práctica de técnicas específicas o ejercicios para crear un espacio tranquilo y abierto en nuestro ser. Podemos aprender y practicar esas técnicas, aprender a calmar las actividades en la Llanura de las Reflexiones y a amainar el Mar de los Cambios. Pero aún hay más. El espacio abierto que nos hemos creado, *por su propia naturaleza* rebosa relajación, serenidad y vitalidad. Nos volvemos como un mar profundo y tranquilo, iluminado por la blanca luz sobrenatural de la luna. Cuando nos quedamos en paz con nosotros mismos y la Luna marca su sendero sobre las aguas hacia la playa, a veces ocurren cosas mágicas e indescriptibles.

A lo largo de milenios, poetas, santos, artistas y místicos han descrito esta experiencia. Todos coinciden en que no hay nada comparable, que cambia al que lo experimenta, que es una de las cosas más importantes, por no decir la *principal*, que les ha pasado, y que es la experiencia de algún tipo de unión, aunque coinciden menos al decir con qué o con quién. En distintas religiones y en sistemas de creencias de diversas culturas se han recogido descripciones de experiencias místicas, demostrando que es algo universal que se ha dado en todos los tiempos.

Hay personas que meditan durante años sin tener una experiencia mística. Otras pueden tener la experiencia incluso sin meditar, aunque lo más corriente es que la meditación nos haga más propensos a tener esa experiencia, pero en ningún caso es una garantía.

Debemos tener presente dos cosas: La primera, que con independencia de que se tenga una experiencia mística, la meditación ofrece mucho, enriquece todos los aspectos de la vida, tanto prácticos como espirituales. Segunda, la experiencia mística es nada más y nada menos que un maravilloso principio, no un fin. Cuando se produce, potencia un proceso de cambio que continúa durante años y requiere nuestra atención, trabajo y crecimiento continuo.

Ahora que hemos considerado qué es y qué no es la meditación, analicemos lo que implica su práctica.

Segunda parte

Elegir el camino

7. Explorar nuevas tierras

Al dirigirnos hacia un sitio nuevo, conviene conocer un poco el terreno, saber lo que podemos encontrar y cómo puede afectarnos. Como se verá, hay una considerable variedad de técnicas básicas de meditación. Cada uno debe elegir el sendero que se adapte mejor a su personalidad y sus necesidades. Así, por ejemplo, algunos de los ejercicios requieren visualizar algo para concentrarse en ese punto. A quien le cueste visualizar, es obvio que le resultará más fácil empezar con otro tipo de ejercicios.

Al determinar las técnicas más propicias para cada uno, hay que tener en cuenta varios factores. En los siguientes capítulos se tratan algunas de las principales diferencias, y en cada capítulo se dan ejemplos con ejercicios.

En algunos de los ejercicios se recomienda tener algún tipo de experiencia previa para practicarlos. Si no se especifica esa condición, se considera que puede practicarlo cualquier persona, desde el más novato al más experimentado.

Si bien más adelante se da una información más completa sobre la práctica, aquí figuran algunas breves sugerencias para empezar.

Si es posible, la meditación debe hacerse sentado en una silla firme o, si se prefiere, en el suelo con las piernas cruzadas. Se debe mantener la espalda recta, sin que esté tensa ni rígida. La espina dorsal debe guardar sus curvaturas naturales, aunque no debe colapsarse ni dejarse caer.

Antes de empezar, disponga las cosas de modo que se le interrumpa lo menos posible. Desconecte el teléfono.

Practique el ejercicio durante diez minutos.

Cuando lea la información, no se preocupe por hacerla a la perfección la primera vez. Todo le parecerá más sencillo a medida que lea esta guía.

8. Interior o exterior

Lo primera elección que debemos hacer es entre las técnicas que se centran en el interior y las que se centran en el exterior. Los ejercicios interiores, que se suelen utilizar en yoga, incluyen la utilización de algo interior –generalmente la respiración, o un sonido o una imagen interior– como núcleo del ejercicio. Las técnicas que se centran en el exterior, con muchos puntos en común con los ejercicios del budismo zen, incluyen la utilización de algo exterior a uno mismo, a menudo simultáneamente con algo interior; un ejemplo consistiría en mirar una vela mientras se presta atención a la respiración.

Esos dos tipos de ejercicios producen unos esquemas de ondas cerebrales ligeramente diferentes e inducen a reaccionar ante el mundo de modo algo distinto. Se hizo un experimento para comparar las ondas cerebrales generadas por dos personas que meditan, una según las técnicas yoga y otra según el método zen, ante un ruido repentino. El yogui perdió su concentración con el primer sonido y necesitó un poco de tiempo para volver a concentrarse. A medida que se repetía el sonido, perdía la concentración cada vez menos tiempo, y gradualmente tardaba menos en volver a concentrarse, hasta que después de repetirlo varias veces ya no respondía al sonido. Por su parte, un maestro zen roshi respondía distintamente al sonido, pero inmediatamente volvía a centrarse. Cada vez que se repetía el sonido, su respuesta era la misma, escuchar y despreocuparse casi instantáneamente del ruido.

Eso refleja una diferencia filosófica básica entre las dos maneras de pensar. Los ejercicios yóguicos son de autocontrol y tienden a centrarse en uno mismo, a separar del resto del mundo, a veces incluso del propio cuerpo. Inducen a ignorar la experiencia sensorial. El zazen, un tipo de meditación budista zen, favorece una meditación que conduce a una especial conciencia del mundo y a estar preparado para responder a diferentes situaciones sin reacción emocional y, si se desea, desechar la experiencia de inmediato.

A muchas personas al principio les parecen más sencillas las técnicas internas, que acostumbran a hacerse con los ojos cerrados, para reducir las posibilidades de que la mente se distraiga. En cambio hay quienes encuentran más fácil practicar con los ojos ligeramente abiertos y la vista baja. Una de las indicaciones de qué tipo de ejercicio puede ser idóneo la da el nivel general de sensibilidad y facilidad de distracción. A quienes les influyan mucho los pensamientos y sentimientos de los demás les puede resultar más conveniente practicar con los ojos abiertos. Los ejercicios con los ojos abiertos inciden en las ondas cerebrales incentivando la capacidad de concentración mental, lo cual, a su vez, favorece la concentración y hace que se esté menos expuesto a la influencia del entorno. Esto, al igual que otros efectos secundarios de la meditación, tiende a hacerse extensivo a la vida cotidiana.

Cuando ya se ha aplicado durante un tiempo una técnica de concentración interior, se puede probar una exterior para ampliar las habilidades.

Punto de concentración interior

1. Siéntese. Relájese. Imagínese un dibujo simple, como un círculo alrededor de una cruz u otro símbolo fácil de visualizar. Visualícelo todo el tiempo que dure la práctica, sin pensar sobre lo que simboliza.

El dibujo debe permanecer simple. No lo complique, desequilibre ni desmenuce. Es preferible que esté dentro de una forma circular y tenga un centro bien definido. Utilice cada vez el mismo dibujo.

Dado que todo lo que se requiere para los ejercicios de punto de concentración interior está en uno mismo, se pueden practicar en cualquier lugar y circunstancia. Una de las consideraciones que se deben tener en cuenta al elegir un foco exterior es que puede ser relativamente problemático practicarlo con regularidad. Hay focos exteriores, como la uña del pulgar o una pared blanca, de los que se puede disponer con facilidad, pero hay otros con los que no siempre se puede contar.

Punto de concentración exterior

2. Siéntese. Relájese. Ponga una mano enfrente, de manera que pueda mirar la uña del pulgar con la vista baja. Observe atentamente la uña del pulgar, pero sin forzar la vista. Mantenga los ojos y los párpados relajados.

Preste atención al movimiento del abdomen al respirar. Durante todo el ejercicio debe estar pendiente de la respiración y observar la uña del pulgar. No piense en ella ni trate de profundizar en sus pensamientos, limítese a mirarla atentamente, como si fuese lo más interesante que ha visto en su vida.

9. Pasivo o activo

Otra forma de clasificar las técnicas consiste en dividirlas en pasivas o activas. En un ejercicio pasivo nos limitamos a dejar vagar la mente, sin dirigirla conscientemente. Observamos nuestros pensamientos sin hacer nada con ellos. Esto es mucho más difícil de lo que parece. La tentación de seguir un pensamiento espontáneo, pensando y analizándolo activamente, es prácticamente irresistible. En cualquier caso, a algunas personas les parece que ésta es la técnica más fácil para empezar.

A la mayoría de principiantes les resultan más sencillos los ejercicios activos, entre los que hay innumerables técnicas. En este tipo de ejercicios cada uno elige (o, en algunos cursillos, eligen por el principiante) algo en lo que concentrarse.

Parece ser que las interrupciones y distracciones de la mente tienen dos orígenes (tal vez, en realidad, sólo hay uno, con dos técnicas). El inconsciente emite una burbuja-pensamiento aproximadamente cada noventa segundos. Muchas veces no las advertimos porque tenemos la mente ocupada en otra cosa. Cuando tenemos la mente menos ocupada, podemos utilizar esas burbujas como semillas de sueños diurnos o construir a partir de ellas elaborados castillos de pensamientos. Lo cierto es que cuando intentamos meditar, interrumpen con frecuencia y a menudo son insoportablemente visibles. Tan es así, que a veces parece como si viniesen equipadas con sirenas y llamativas luces de neón.

En los ejercicios pasivos, nos limitamos a mirar las burbujas-pensamiento sin implicarnos con ellas. En las técnicas activas las ignoramos, o por lo menos lo intentamos, manteniendo la atención sobre el punto de concentración elegido en el ejercicio.

Además de ese productor interior de burbujas-pensamiento, tenemos en la mente un perpetuo parlachín que quiere estar ocu-

51

pado y tener algo sobre lo que hablar. Si no tiene otra cosa, enumera listas y sugiere planes, posibles e imposibles, para el futuro. Las técnicas activas le dan varias cosas sobre las que trabajar: una palabra, un sonido (mantra), una imagen mental (mandala), o un objeto en el que concentrarse. En los ejercicios pasivos, intentamos acallar al perpetuo parlanchín, dejando que la conciencia descanse en las burbujas-pensamiento.

Ambos tipos de ejercicios tienen la finalidad de producir un silencio interior. En un ejercicio pasivo, pedimos al perpetuo parlanchín que se calle mientras prestamos atención a las burbujas-pensamiento, pero puesto que en realidad no nos implicamos en esos pensamientos, la mente deja de producirlos durante unos momentos. Si entonces el perpetuo hablador se calla, conseguimos esa rara cosa, un profundo y verdadero silencio mental, y nos volvemos como un mar profundo y tranquilo.

En cambio, en un ejercicio activo pedimos al productor de burbujas que esté quieto mientras damos algo que hacer al eterno hablador. Éste se alegra mucho de ser el centro de nuestra atención, pero dado que la tarea que le hemos asignado es tremendamente aburrida, también se sume en el silencio. Si el productor de burbujas está quieto en ese momento, se vuelve a tener un milagroso silencio. Así pues, se pueden combinar inteligentemente ambas fuentes de disturbios para anularlas mutuamente, cuando todo coincide.

Al considerar qué tipo de técnica es más conveniente para cada uno, hay que preguntarse cuál resultará más fácil de controlar –las burbujas-pensamiento o el eterno hablador– y elegir el ejercicio que se centra en el otro. Si, por ejemplo, a una persona le parece relativamente fácil silenciar el comentario de la mente (los yoguis lo denominan «mente de mono») pero los pensamientos le vuelan en inesperadas direcciones, puede elegir la técnica pasiva.

Otro factor que conviene considerar es si se es una persona activa o pasiva. Para una persona introvertida a la que le resulte más fácil observar pasivamente el devenir del mundo sin tomar parte activa, la técnica pasiva puede resultarle más fácil, mientras que probablemente un extravertido se desenvolverá mejor con las técnicas activas. Del mismo modo, quien ya conozca una técnica, quizá quiera probar la contraria, para alcanzar un mayor equilibrio. Todo depende de lo que cada uno considere más apropiado en ese momento.

La mayoría de técnicas de este libro son activas, es decir, tienen un punto de concentración definido, en lugar de ser sólo abiertas y receptivas.

Ejercicio activo

3. Siéntese. Relájese. Cuente la respiración (cada vez que se inspira y espira como una) hasta diez y luego empiece otra vez. Repítalo una y otra vez durante el tiempo de práctica. Cuando pierda la cuenta, recomience.

No trate de controlar la respiración de ninguna manera.

Como ve, «activo» no significa «control». Se trata simplemente de tener un punto de concentración con el que implicar activamente la conciencia, en lugar de esperar reflexivamente la técnica «pasiva».

Ejercicio pasivo

4. Siéntese. Relájese. Explíquese que se relajará mentalmente y dejará vagar la mente, sin pensar en nada concreto. Permita que se formen y se desvanezcan los pensamientos, sin analizarlos ni tratar de controlarlos. Deje que sean como burbujas que surgen de las profundidades y vuelven a desaparecer. Límitese a obervar sus idas y venidas.

Cuando finalice el tiempo de práctica, puede revisar esos pensamientos por si alguno le sugiere puntos de vista sobre sus actitudes y/o pautas de conducta, pero no piense en eso mientras practica.

10. Sensación o «mentación»

Otra forma de considerar la variedad de técnicas consiste en dividirlas en categorías sensoriales y mentales. Generalmente, los ejercicios que concentran la atención en la respiración o en otros procesos físicos hacen que una persona se vuelva más centrada. Inducen a ser menos vagos y descentrados, tanto en la meditación como en la vida diaria. A la persona con este tipo de problemas quizá le convenga elegir un punto de enfoque sensorial.

En cambio, a la persona que tenga problemas con la respiración o no se sienta bien en su cuerpo, puede serle más útil apartar la atención de eso y elegir un punto de concentración mental. Por sorprendente que parezca, favorece la relajación y la salud corporal, simplemente porque la mente hiperactiva o ansiosa ya no lo mantiene más tenso y alterado.

Ejercicio mental

5. Siéntese. Relájese. Elija un color como el verde, el azul, el lavanda o el azul violáceo. Imagínese una esfera de ese color y visualícela mientras dure la práctica.

No escoja un color activo, enérgico, como el rojo, el amarillo o el naranja.

Los colores, al igual que los sonidos, ejercen distintos efectos en el sistema. Siga su intuición para elegir el color que más le convenga.

Aunque algunos ejercicios mentales para iniciados son algo complejos, en general no tienen por qué serlo. La única diferencia entre los ejercicios mentales y los sensoriales es que los mentales ignoran el cuerpo, mientras que las técnicas sensoriales utilizan un aspecto concreto del físico, que suele ser la respiración, como núcleo de atención.

Ejercicio sensorial

6. Siéntese. Relájese. Fíjese en su respiración. Concéntrese en la inspiración y en la espiración. Trate de notar cuándo pasa de la inspiración a la espiración, de la espiración a la inspiración. Preste atención a esos cambios. No los alargue ni trate de acentuarlos o controlarlos de ningún modo, limítese a ser consciente de ellos. Numere esos cambios, del uno al diez, y luego recomience la cuenta. Repítalo mientras dure su tiempo de meditación.

Alternativa: *Si quiere que este ejercicio sea más difícil, no cuente. Limítese a notar los cambios de la respiración y mantenga la mente completamente centrada en eso.*

La primera versión es apropiada para principiantes, la segunda para los que tienen más experiencia.

11. Voluntad o entrega

El principal objetivo de algunos ejercicios es «controlar», disciplinar el pensamiento y/o el cuerpo, mientras otros se centran más en la simple conciencia, en estar bien presentes y atentos en cada momento. Los ejercicios de «voluntad» sirven para volverse más disciplinados y tener mayor control sobre uno mismo, mientras los ejercicios de «entrega» tienen la finalidad de controlar menos, sólo requieren que se observe un proceso natural o se preste atención, sin controlar nada. Para decidirse por un tipo de estos ejercicios una persona debe preguntarse si es hipercontrolada y rígida, o demasiado flexible, incluso blanda; pensar si le es fácil elegir o si espera que las circunstancias decidan por ella.

Cuenta una leyenda que un día un yogui conoció a un poeta sufí. El yogui quería demostrar lo bien que le había ido el yoga (aquí asoma un ligero problema con el ego), y para ello tendió al sufí una espada y le pidió que le asestara un golpe con ella. El poeta se resistía, pero el yogui insistió. Finalmente, el sufí golpeó al yogui y la espada rebotó. Ante la insistencia del yogui, el sufí le volvió a golpear varias veces. La espada rebotó cada vez como si diese contra el acero, y el yogui quedó ileso.

Entonces el sufí devolvió la espada al yogui, y le pidió a su vez que le golpeara. El yogui no quería hacerlo, pues sabía que el sufí no había hecho yoga. Finalmente, el sufí le convenció y el yogui situó la espada sobre la cabeza del poeta. Ante su asombro y consternación, la espada atravesó limpiamente al sufí, sin ningún tipo de resistencia, y quedó en el suelo entre los pies del poeta. El sufí sonrió y saludó al yogui antes de irse.

Cada ejercicio fortalece de una manera, que no tiene por qué ser la misma en todos. En lugar de tratar de acentuar un aspecto del individuo en detrimento de otro, quizá sea mejor elegir el que incentiva a tener un mayor equilibrio personal. Así uno puede ser flexible cuando convenga adaptarse y se puede mantener firme cuando proceda, sin encerrarse en una respuesta ni en un sistema de creencias, como el yogui del relato.

Ejercicio de voluntad

7. Siéntese. Relájese. Elija un sonido de dos o tres síla-bas que no signifique nada para usted, pero que le resulte agradable. Utilice el mismo sonido cada vez. Repita el so-nido una y otra vez, en voz alta o en silencio, o alternativa-mente, en silencio y en voz alta.

Si lo hace en voz alta, deje subir el sonido desde la par-te inferior del abdomen.

Los sonidos nos afectan de formas diferentes y comple-jas. Utilice su intuición para seleccionar los sonidos que le vayan mejor para crear armonía en su sistema.

En los ejercicios de voluntad, elegimos un punto de concen-tración al que regresamos cada vez que nos perdemos. Pero hay que tener en cuenta que se hace con sutil firmeza, no con rabia ni con fuerza. Se trata simplemente de ejercitar el poder de elegir lo que se quiere hacer o pensar, sin imponer la voluntad *sobre* al-guien o algo. Los ejercicios de entrega consisten en observar un proceso natural que existe, y concentrarse en ello.

Ejercicio de entrega

8. Siéntese. Relájese. Preste atención a la respiración. Trate de percibir la sensación de aspirar y espirar. Fíjese en la continuidad y la cercanía con la que puede observar y sentir su propia respiración. Trate de seguir el movi-

miento del aire por la nariz, la garganta y los pulmones. Fíjese en el movimiento que hace con el pecho y el abdomen cuando respira. Mantenga toda su atención en la respiración.

No trate de cambiar o controlar la respiración de ninguna forma, limítese a ser consciente de ella.

12. Hacer o no hacer

Las técnicas del no hacer son aquellas que no tienen otro punto de mira que la tranquilidad, aunque ésta tampoco sea propiamente su objetivo. El objetivo es simplemente estar centrado. Son técnicas extremadamente difíciles, indicadas para personas con práctica. No pensar en nada, ni siquiera en «no pensar», es un acto que requiere cierto equilibrio mental. Una forma zen de expresar el «no hacer» es ésta: «*¡No pienso! ¡No, no pienso!*».

Aunque una de las metas de la meditación es experimentar lo que pasa cuando se está mentalmente tranquilo y concentrado, y con el cuerpo relajado, la mayoría de técnicas van encaminadas a que eso ocurra cuando la mente está preparada, en vez de perseguirlo activamente. Incluyo aquí un ejercicio de «no hacer» y otro en el apéndice A, para quien lo quiera probar, aunque son harto difíciles. A quien no haya meditado nunca le parecerán extremadamente difíciles.

Es esencial recordar que la mente debe estar sosegada, sin pensar en ello, sin darse cuenta de nada que oiga, sin percibir su cuerpo. Es la experiencia directa e inmediata de nada, descansar en la nada, como la silenciosa luna descansa en el espacio; luego la luna desaparece, dejando que nada descanse en la nada. Pero no se acaba aquí. Cuando una persona experimenta un completo silencio interior, tiene la impresión de abrirse a un reino completamente nuevo del ser. En lugar de experimentar la nada, parece experimentarlo todo, un todo indiferenciado, que no está separado, sin una sola cosa distinguible de la otra. En lugar de vacío, se tiene una infinita plenitud.

A lo largo de los siglos, los místicos han tratado de describir esa experiencia mediante el arte, la poesía y la literatura, pero es indescriptible. Hay quienes consideran esa experiencia como una señal de favor divino, y en el extremo opuesto, algunos la consideran una aberración cerebral. Aunque en la historia de la humanidad se ha interpretado de todas las maneras y a la luz de diferentes religiones y teorías, como experiencia sólo *es*. Generalmente no se puede hacer que ocurra; de hecho, tratar de inducirlo puede ser una manera de bloquearlo (aunque algunas técnicas zazen utilizan la frustración de *intentar* crear un estado en el que la mente finalmente irrumpe en el silencio, volviéndose abierta y serena).

Regresamos a la idea que encontramos en la palabra *contemplar*, la creación de un espacio abierto en la mente, en el cual se puede experimentar lo inefable. El que practica asiduamente tiene esa experiencia tarde o temprano (a veces tardísimo), pero es un error convertirlo en un objetivo de la meditación. En principio, lo que hay que saber es que esos espacios abiertos en la mente pueden producirse al practicar cualquier técnica, y pueden darse, y se dan a menudo, fuera de la meditación, aunque ocurren antes y con más frecuencia a las personas que meditan.

Ejercicio de «hacer»

> 9. *Siéntese. Relájese. Imagínese un estanque circular con agua. Mírelo con los ojos de la mente. Imagínese que el estanque está completamente quieto, sin una onda que altere su superficie. Imagínese que cualquier pensamiento o distracción puede causar ondulaciones y trate de mantener la superficie quieta. Cuando se dé cuenta de que piensa en otra cosa, vuelva a calmar la superficie del agua.*

Casi todas las técnicas de meditación son «hacer». Las instrucciones para un ejercicio de «no hacer» puro son algo así como: Siéntese. Permanezca sin pensamiento, sin sentimiento, sin sensación, sin impresiones sensoriales. El ejercicio que se describe a continuación tiene su punto de partida en el «hacer» y va gradualmente hacia el «no hacer».

Ejercicio de «no hacer»

10. Siéntese. Relájese. Visualice un color sereno como el azul. Imagínese que el azul se reduce a un punto y luego desaparece, dejando la mente en blanco. Quédese completamente en blanco. Cuando piense en algo, vuelva a empezar con el color, y déjelo desaparecer en la nada.

Este ejercicio no se recomienda a principiantes.

13. Elección final

A algunas personas les parecerá complicado elegir el camino más indicado para cada uno, pero es sencillo. Empiece por escoger, entre las técnicas descritas, las que más le atraigan, y practíquelas durante diez minutos cada una. Puede escoger las técnicas de meditación adicionales del apéndice A. En el apéndice B hay una tabla en la que figuran todas las técnicas, clasificadas según las categorías comentadas, para que sea una referencia más sencilla. Si quiere utilizar esa tabla, haga una lista de las categorías que le interesan y busque la técnica más indicada.

Después de probar varios ejercicios, tendrá una idea más aproximada de lo que le va bien y seleccionará aquel con el que quiera trabajar. Una vez elegido, no lo cambie por lo menos durante tres meses, aunque le parezca (cosa que probablemente ocurrirá) difícil o improductivo. No cambie para encontrar algo más fácil, pues probablemente no lo hay. Los problemas que tenemos no suelen ser con el ejercicio, sino que casi siempre el problema es la resistencia que hay en nosotros mismos.

La dificultad de los ejercicios varía, algunos se recomiendan para absolutos novatos, otros para los que tienen cierta experiencia. Elija uno que le resulte algo difícil, aunque no tanto como para desanimarse y dejar de practicar. Nadie le dará más puntos por tratar de hacer algo que le resulte demasiado difícil. *No se trata de un concurso*, aunque inevitablemente es una revisión del autoconocimiento, y una oportunidad para que cada uno ejercite el sentido de lo que le conviene.

Si después de leer esto aún duda sobre la técnica que más le conviene, decídalo con una moneda, a cara o cruz. No es tan importante *qué* ejercicio hacer como el hecho de practicar uno, con constancia. Cualquiera de ellos le irá bien y le beneficiará infinitamente más que si no hace ninguno. No hay ninguna técnica *mala*, una técnica es, como mínimo, buena, y seguro que es la-mejor-para-el-momento. Ninguna será una pérdida de tiempo.

14. Permanecer en el camino

Mantenerse en el camino es una de las cosas más difíciles del viaje interior. Siempre aparecen tentadores desvíos en el recorrido, o nos detenemos y nos involucramos en alguna interesante actividad local que encontramos. Durante la práctica de cualquier técnica, hay que mantener la mente despierta, atenta y centrada. Se supone que el *cuerpo* está profundamente relajado y la *mente*, alerta y despierta, pero sin tensión. Debe haber una especie de atenta tensión, una despierta concentración. Si durante la práctica se encuentra medio dormido, busque la manera de estar más alerta. No sugiero nada tan radical como la costumbre que hay en muchos monasterios zen de que un monitor vaya golpeando en el hombro, con una vara, a los que meditan, para que se mantengan en estado de alerta, pero se debe mantener un punto de enfoque claro y fuerte.

Si en la meditación se trata de escuchar, escuche con todo su ser; si se trata de ver, mire con todo su ser, cuerpo, mente y emociones. Cada parte del que medita debe estar pendiente del punto de referencia de la meditación. Conviértase en uno con lo que ve, oye o tiene en mente, o con la respiración, de modo que todo lo demás desaparezca. No hay que «probar» nada, sólo hay algo que hacer con suavidad, acercándose cada vez más hacia un punto de concentración.

La finalidad de los ejercicios es llevar la mente a un foco único, y eso es imposible si está adormilado y sólo está ahí a medias. La gente a veces tiene la idea de que «relajado» significa necesariamente «medio dormido». Piense en un gato relajado en el marco de la ventana, observando el mundo. Está relajado, pero completamente alerta, pues cuando aparece un perro tiene una reacción fulminante. En la práctica se trata de experimentar una relajación física combinada con la atención mental, de manera que, al igual que el gato, se advierta instantáneamente a los intrusos en la mente.

Cuando necesite dormir, duerma. Cuando quiera meditar, medite.

Cuando encuentre que la mente se ha ido, cosa que ocurrirá inevitablemente muchas veces, regrese suavemente al ejercicio. «Suavemente» es la palabra clave, no hay que caer en la frustración o la rabia consigo mismo. Son emociones no productivas y sólo otra forma de distracción. Limítese a llevarse otra vez, y continúe. Sea consciente, cuando lo hace, de que cada parte distraída regresa y se une en la meditación, hasta que se implique por entero. Sea como la cuerda de un instrumento bien afinado, tranquilo, tirante pero sin tensión, armónico, esperando en silencio la nota para sonar.

Hay varias habilidades y técnicas útiles para las prácticas de meditación. Veamos algunas.

Tercera parte

Cosas que conviene saber

15. Programación del recorrido

Al emprender un viaje conviene tener en cuenta las consideraciones temporales, como cuándo se parte, por cuánto tiempo, y cuándo se piensa regresar. Cada recorrido afecta a los posteriores, en la medida en que el viajero se fortalece, volviéndose más resistente y experimentado.

En la meditación son rarísimos, y afortunados, los casos de principiantes que puedan practicar treinta segundos sin interrupción. La mayoría se asombran al comprobar el poco tiempo que son capaces de concentrarse sin distraerse. Para iniciarse, la primera semana suele ser más que suficiente meditar dos veces al día durante cinco minutos. No hay que forzarse, pues de lo contrario, como ocurre cuando se trata de hacer más de lo que uno es capaz, la meditación puede resultar una experiencia frustrante.

Después de practicar más o menos una semana en dos periodos de cinco minutos diarios, se pueden aumentar a diez minutos. Y más adelante pueden ser quince o, incluso, veinte minutos por periodo. A muchos les bastan diez minutos, pero cada uno debe determinar lo que le va mejor y el tiempo que necesita para obtener el máximo beneficio del ejercicio. Algunos tendrán que establecer un compromiso personal entre el tiempo que le dedican a la meditación y el tiempo de que disponen para sí mismos.

También es importante que la práctica dure lo mismo todos los días, no cinco minutos un día, otro día veinte, y al día siguiente diez. Si ocasionalmente se desea meditar más tiempo del usual, no conviene hacerlo seguido, sino en varios periodos. Si difuminamos el tiempo de meditación nos podemos volver «dejados» y perder el control sobre las actividades mentales, en lugar de aumentarlo. Es tan importante controlar *qué* hace la mente, como *cuándo* lo hace.

Cuando ya hace meses, o años, que se practican las técnicas, a veces se tienen ganas de meditar más tiempo. Esto ocurre sobre todo cuando se pasa por un proceso de transformación, y finalmente se superan varias etapas de resistencia. En ese punto, la práctica puede llenar y satisfacer tanto que se desee meditar más tiempo. Ante eso sólo hay que tomar una precaución: si desea pasar muchas horas diarias meditando, pregúntese seriamente si lo que busca en realidad es huir de la vida, en lugar de buscar una práctica que le ayude a vivir en el mundo de forma más plena y constructiva. Si la respuesta es claramente «no», entonces probablemente en ese momento le convenga meditar todo lo que te apetezca. También debe plantearse si ello le permite cumplir adecuadamente con sus tareas diarias.

Es posible que tras meditar durante meses, o años, quiera alargar su tiempo de meditación, de modo que si antes le parecía bien practicar diez minutos, ahora prefiere que sean veinte, media hora o incluso más. Lo que en realidad importa es la calidad, no la cantidad. Diez minutos de concentración total, con el cuerpo relajado, valen más que una hora con la mente extraviada.

A muchas personas les va muy bien practicar regularmente a la misma hora cada día. Esto favorece el hábito de la meditación y, dado que somos animales de costumbres, puede ir bien adoptar este método.

16. Establecer una base

Al emprender una aventura, conviene sentirse lo más seguro posible. Muchas personas prefieren meditar en el mismo sitio cada día, sintiendo que la familiaridad y la rutina les ayuda. La mayoría siente que el sitio donde meditan se imbuye de una «energía», una sensación de calidez, paz y tranquilidad, que induce a la meditación. Yo tenía mi silla favorita, y las visitas tenían la tendencia de sentarse en ella. Los que se sentaban en ella después de cenar, solían dormirse tranquilamente, y cuando se despertaban se sentían sorprendidos y aturdidos por haberse dormido casi sin darse cuenta. Mis amigos la llamaban «la silla de la bella durmiente».

Durante un tiempo llevé una tienda de antigüedades y daba allí clases de meditación. Descubrimos con sorpresa que parecía que no podíamos dejar muebles en la sala en la que hacíamos la clase, especialmente sillas. Las personas se enamoraban de ellas y las compraban. Entonces poníamos otras sillas, empezaba otra clase, y la gente no cesaba de comentar lo cómodas que le parecían las sillas, mientras se balanceaban en una destartalada antigualla con los muelles rotos. Desde el punto de vista ético, nunca lo comprendí del todo.

Lo cierto es que va bien meditar regularmente en el mismo sitio. Pero en esto, como en todo, no conviene crearse un hábito, pues luego resultaría difícil meditar cuando y donde uno lo necesita. Si prefiere meditar regularmente en el mismo sitio, hágalo, pero medite también con frecuencia en otros sitios, de manera que no sienta que sólo puede practicar en un sitio.

17. Emprender un viaje

En otros tiempos los barcos que zarpaban de los puertos mediterráneos hacían una ofrenda ritual de flores a los espíritus del mar. Hoy en día seguimos haciendo cosas y yendo a lugares, siguiendo ciertos rituales reconfortantes, como puede ser hacer una lista mental, regresar para comprobar que hemos cerrado la puerta, revisar la cartera o el bolso, o despedirnos del gato. Un ritual es un conjunto de acciones realizadas con un orden concreto, que no tienen por qué tener una finalidad práctica. Lo que las convierte en ritual es que se hacen en secuencia. Si comenzamos algo con un ritual, nos sentimos más cómodos y nos da la impresión de que lo controlamos. Si uno de nuestros rituales queda alterado o incompleto nos sentimos incómodos.

Va bien tener un o una ceremonia propios, un conjunto de señas que indiquen al cuerpo y a la mente que es el momento de empezar o de terminar la meditación. Es como calentar los motores del coche o hacer estiramientos antes de empezar los ejercicios, una manera de prepararse para la acción o, en su caso, para la no acción. Podemos canalizar nuestra tendencia a formar hábitos creando una brevísima rutina para embarcarnos en la meditación.

Al crear el ritual conviene guiarse por el sentido común. Es obvio que algo largo y elaborado será contraproducente. Las personas que piensan que deben sentarse mirando hacia el este, que deben tener una ramita de incieso encendida, una vela blanca en un candelabro especial enfrente, o que deben sentarse en una particular estera con ciertos cristales dispuestos de forma concreta a su alrededor, buscan ciertas formas de magia primitiva. Tratan de sobornar o coaccionar al universo para que les dé algo, en este caso una maravillosa meditación, por la que piensan que han pagado. Sería mejor que dedicasen sus energías a concentrarse en su técnica de meditación.

Esto también refuerza nuestra resistencia. Si hacemos algo complicado para empezar a meditar, no podremos meditar cuando las circunstancias nos impidan realizar el ritual. Tampoco es aconsejable que para la ceremonia se requieran objetos o circunstancias concretas en el entorno, como la iluminación de una vela, o que hagamos algo que no se pueda hacer en cualquier sitio. Al concebir un ritual, pregúntese si podrá y tendrá ganas de hacerlo cuando esté parado en un atasco, o sentado en la sala de espera de un hospital, en un ajetreado aeropuerto, o en una sala con su madre. Si la respuesta a todo eso es «no», piense en un ritual más apropiado.

El ritual puede reducirse a unas palabras y un par de profundas respiraciones. Las palabras pueden consistir en una oración, o simplemente en decir lo que queremos hacer, pero es importante utilizar las mismas cada vez. Entonces asociaremos esas palabras al hecho de sumirnos en un estado de meditación centrado y relajado, y una vez que la asociación se afianza, se convierte en una llave que abre la puerta a ese estado.

Cuando comencé a meditar utilizaba un ritual de tres respiraciones. En la primera, cuando inhalaba pensaba: «Respiro en paz», y durante la exhalación me imaginaba mi centro conectado con el centro de la tierra. En la segunda respiración pensaba: «Respiro en paz» en la inhalación, y al exhalar imaginaba mi centro conectado con el centro del universo. En la tercera respiración pensaba: «Estoy rebosante de paz» en la inhalación y en la exhalación me imaginaba mi centro, sintiéndome unido a la tierra y al cielo, y no pensaba en nada más. Y luego ponía en práctica mi técnica de meditación. El ritual se ha simplificado con los años y ahora todo sucede en una lenta y profunda respiración.

Al hacer el ritual, procure que sea algo interior, fácil de recordar –de nada sirve sentarse frenéticamente tratando de recordar lo que viene luego–, y que no sea brusco. Recuerde que en la meditación uno no se agrede, sino que se hace un regalo de amor. Procure asimismo que sea breve, pues los rituales largos se vuelven aburridos y, como todos los hábitos, son difíciles de abandonar. Probablemente lo más eficaz sea algo breve y conciso que implique la mente y el cuerpo.

Si siente la necesidad de protegerse de algo del entorno, físico o psíquico, visualícese rodeado de una luz blanca y pura, que le protege y mantiene. También puede practicar algunos de los ejercicios para centrarse que se explican más adelante.

También va bien realizar un ritual para regresar al estado normal de conciencia. Yo me concentraba en la inhalación de tres profundas respiraciones, la primera para dar las «gracias» a los poderes y a mí misma, la segunda para recobrar la conciencia de mi cuerpo, y la tercera para volverme consciente de mi entorno exterior. Con el tiempo esto también se ha reducido a una respiración en la que el agradecimiento se combina con recobrar la conciencia. Entonces paso unos momentos en que disfruto de estar en el mundo mientras aún experimento plenamente toda la paz de la meditación.

En cualquier caso, esto no es necesariamente lo que *usted* debe decir o hacer, es sólo un ejemplo del tipo de cosas que, en general, le pueden ir bien. En realidad carece de importancia si los rituales que hacemos son nuestros, si los hemos aprendido en algún sitio, o si los hemos adaptado. Lo que *sí* importa es que el ritual sea adecuado y cómodo, y que lo incorporemos como parte integrante del ejercicio de meditación.

18. Mantenerse despierto en el camino

Si bien, a diferencia de lo que ocurre cuando se conduce, dormirse en un viaje interior no es peligroso, significa que no vamos a ningún lado. Uno de los problemas con los que topamos en la meditación es que a veces, cansados tras un día de trabajo, tendemos a dormirnos en cuanto nos sentimos cómodos y cerramos los ojos. No es sorprendente, pues la mayoría hemos pasado años tratando de hacer exactamente eso. Por otro lado, hay determinadas condiciones físicas (baja presión sanguínea, anemia y bajo nivel de zúcar, por ejemplo) que acentúan la tendencia a dormirse al cerrar los ojos. Afortunadamente hay sencillas técnicas para acostumbrarse a permanecer despierto.

Colóquese en una postura cómoda. Siéntese en una butaca, porque debe colocar el codo cómodamente a cierta altura y en ángulo. Cuando esté bien sentado, ponga un codo, tanto da si es el derecho o el izquierdo, sobre una superficie firme y levante el antebrazo verticalmente. Si se mantiene despierto, sostendrá el antebrazo y la mano levantados, pero los dejará caer si se duerme.

Ese método suele bastar para despertarse. Si le falla, incline ligeramente el brazo de modo que, en caso de dormirse, le caiga sobre o cerca del plexo solar. Esto es contundente, despierta a casi todo el mundo. Si está tan agotado que sigue durmiendo aunque se golpee el plexo solar con el brazo, es que está usted demasiado cansado como para meditar. Repetir esto unas cuantas veces condicionaría a cualquiera a mantenerse despierto durante la meditación. De hecho, si utiliza esta técnica para mantenerse despierto mientras medita tendido, probablemente luego le será imposible conciliar el sueño en esa posición, por lo que es mejor que no medite en su postura preferida para dormir.

19. Viajar solo

Experimentar y buscar a solas las técnicas que nos van mejor, adaptando las de los demás e inventando si hace falta otras nuevas, tiene sus ventajas y sus desventajas. Al hacerlo podemos aprender mucho de nosotros mismos, sobre lo que hacemos y adónde vamos.

En este libro no se señala ninguna técnica o ejercicio como la única manera de hacer algo. Es más, se anima al lector a probar varias cosas y decidir por sí mismo lo que más le convenga en cada momento. Se presenta un abanico de ejercicios, todos dirigidos a lograr el silencio interior, para que cada uno elija el que le vaya mejor. Es aconsejable que cada uno escoja sus propias técnicas de meditación, como también lo es buscar un profesor y trabajar con él.

Las ventajas

Quizá una de las cosas más importantes que hay que resaltar es que somos individuos, con necesidades individuales. Desde el principio conviene tener presente que un profesor aconseja, pero cada uno debe elegir sus ejercicios y responsabilizarse de sí mismo. He conocido demasiados «estudiantes» de meditación que pasan de un profesor a otro, de una técnica a otra, esperando que alguien les toque con una varita mágica y les transforme en seres iluminados. Esto no funciona así.

No hay profesor, técnica ni grupo que pueda hacer que nuestra meditación vaya «bien». El proceso se da dentro de nosotros y sólo nosotros podemos hacerlo. Los demás pueden hacernos sugerencias útiles o, también, desanimarnos, pero la experiencia de la meditación no puede ser inducida desde fuera. Las influencias externas pueden, como veremos, afectar nuestra meditación, pero nunca pueden sustituir una dedicación sincera, eso es algo que cada uno debe hacer para sí mismo.

Practicar la meditación exige un esfuerzo constante. Aunque se encuentran no pocas compensaciones, hay periodos en los que parece que no ocurre nada. Incluso hay temporadas en las que, sin razón aparente, la meditación resulta más difícil. En esos momentos los demás nos pueden animar, pero nosotros debemos persistir en la práctica. Aceptar esa responsabilidad por nosotros mismos y reaccionar ante las dificultades que ello significa, puede afianzar en nosotros el amor propio, la autoestima, y la autodisciplina.

Posiblemente, lo más importante que se aprende al supervisar la propia práctica de meditación es que hay algo en nosotros, un profesor interior, que sabe mucho más de lo que creemos. Vive en la montaña que está en medio del Mar de los Cambios, y podemos aprender a escucharlo cuando nos señala una dirección.

Los inconvenientes

Por supuesto, la principal desventaja de supervisar la propia práctica consiste en que el profesor no sabe más de meditación que el que medita (aunque nuestro profesor interior puede saber más de lo que *creemos*). La otra desventaja considerable es que no hay nadie que anote y corrija los malos hábitos, como posturas demasiado sueltas o rígidas, conciencia laxa, o escasa concentración. Trabajar con un profesor o un grupo nos induce a ser más conscientes de lo que hacemos y nos proporciona una respuesta objetiva de los demás hacia nosotros. También hay la innegable ventaja psicológica de tener que explicar lo que hacemos a los demás. Para muchos esto es una motivación para practicar diariamente, aunque después a veces no siempre se haga. Trabajar con un grupo de forma regular implica que, por muy negligentes que seamos el resto del tiempo, cuando nos reunimos con el grupo, meditamos.

En la meditación siempre surgen más cosas que aprender, más cosas por las que esforzarnos. Un buen profesor puede juzgar nuestra disposición o falta de preparación para iniciarnos en nuevas técnicas con más precisión que nosotros.

20. Buscar un guía

Cuando se recorren tierras extrañas, tranquiliza y simplifica las cosas contar con un guía que conozca el terreno. Hay un viejo refrán que dice que «cuando el estudiante está preparado, aparece el profesor». Aunque esto sea cierto, ambos pueden tener una concepción distinta sobre la preparación en particular y sobre el universo en general. Es evidente que el proceso de buscar un profesor puede formar parte de la «puesta a punto».

Las cualidades personales de un profesor son tan importantes como su conocimientos sobre la meditación. Si la meditación le va realmente bien, se nota en su personalidad. Eso no significa que sean necesariamente seres radiantes de luz (muy pocos lo son), pero probablemente se percibe en ellos una peculiar compasión, y que tienen poder sin que, por ello, pretendan controlar o manipular a los demás.

Un buen profesor hará sugerencias a su alumno, pero no se enfadará si éste no las sigue, y tampoco tratará, en absoluto, de administrarle la vida. Un buen enseñante puede asimismo, si el alumno ignora sus indicaciones, decidir que no tiene sentido seguir perdiendo el tiempo juntos.

Un buen profesor puede cobrar una cantidad razonable (término muy elástico) por su tiempo de enseñanza. La meditación no tiene precio, pero hoy en día el tiempo vale dinero y la gente necesita ganarse la vida. El que no está dispuesto a pagar cierta cantidad, probablemente no valora mucho lo que se le ofrece. Sin perder esto de vista, desconfíe de quien le ofrezca una fulminante «iluminación» por fuertes sumas de dinero. No creo que ni siquiera valga la pena molestarse en ir a ver alguien así. También sería muy cauta ante alguien que quisiera hacerme firmar un contrato a largo plazo por los cursos, o cobrarme grandes sumas por adelantado.

Muchas personas que enseñan técnicas de meditación lo hacen como parte de su filosofía religiosa. Al que no profese la misma religión, le puede parecer un poco extraño o, incluso, incómodo. Yo no adoptaría una religión sólo para aprender meditación, pues hay otros caminos. Si pertenece a una comunidad religiosa formal, es posible que con un profesor de su religión se sienta más cómodo, tanto si la meditación se enseña como parte de una práctica religiosa como si no. Puede preguntarle al profesor de meditación cuáles son sus creencias religiosas y hasta qué punto la instrucción religiosa está incluida en sus enseñanzas de meditación. Quizá no responda a la primera pregunta, pero tiene que contestar la segunda.

El que medita un tiempo por su cuenta conocerá mejor sus necesidades y metas, y así sabrá determinar si hay un profesor o un tipo de meditación concreto que le convenga más. El profesor que le vaya bien armonizará con su propio profesor interior, incluso cuando ambos le desconcierten o frustren.

Puede darse el caso de que vivamos en un sitio en el que sea imposible contar con un profesor, y no me refiero sólo al caso de las personas que, por ejemplo, vivan en un faro, sino también al de las que vivan en una comunidad en la que no haya ningún profesor disponible. Recordemos las ventajas que tiene el trabajar con otros en un grupo de meditación ya constituido, o bien formar uno nuevo.

21. Compartir el viaje

Cuando se viaja es muy agradable conocer a otras personas que siguen el mismo camino. Aparte de la sencilla, aunque valiosa, relación humana que eso implica, al hablar con ellas podemos enterarnos de más cosas del recorrido, comparar senderos que hemos seguido y lugares en los que hemos estado, y animarnos y ayudarnos mutuamente con nuestras experiencias. A muchas personas les resulta gratificante meditar regularmente con un grupo.

En un grupo se forma una armonía que favorece la concentración. Es muy positivo poder hablar sobre la propia experiencia de meditación, y aprender de las de los demás. Por otro lado, a muchas personas les resulta más fácil dedicar parte de su tiempo para practicar en privado cuando cuentan con el apoyo psicológico de pertenecer a un grupo de meditación. Aunque la meditación es esencialmente una práctica solitaria, incluso cuando se hace en grupo, somos seres sociales, y reconforta sentir que no estamos solos en el viaje con rumbo desconocido, que hay otros con nosotros.

Un grupo así hay que elegirlo cuidadosamente. Si hay una persona que adolece de problemas con su ego y pretende dirigir e indicar a los demás lo que deben hacer, causará malestar en el grupo. Un remedio para evitarlo es establecer turnos para que todo el mundo dirija el grupo. Debe haber alguien que dirija nominalmente al grupo, de lo contrario tenderá a convertirse en un encuentro social más.

Muchos grupos prefieren trabajar con un libro de meditación, como el presente volumen, leyendo o comentando, antes o después de la práctica, diferentes secciones cada día, para comprenderlas bien. A otros grupos les gusta pasar parte del tiempo estudiando un libro más filosófico o teórico y parte del tiempo meditando

81

juntos en silencio. Algunos grupos prefieren limitarse a meditar en silencio e irse en silencio. Hay todo tipo de posibilidades, y tus únicos límites son los deseos del grupo y tus disponibilidades materiales.

También hay que decidir de antemano qué criterios se seguirán con los nuevos miembros del grupo. Si sólo meditáis, a los nuevos miembros les será fácil adaptarse, cosa que puede resultar más difícil si, aparte de meditar, estudiáis un tema concreto. Respecto a esto hay dos factores importantes que se deben tener en cuenta.

En primer lugar hay que considerar las dificultades que pueda tener un recién llegado para ponerse al día en el trabajo que haya hecho el grupo, de manera que no requiera constantemente que el grupo revise cosas que ya no considera necesarias. En segundo lugar, un nuevo miembro cambia la «energía» del grupo. Esto puede ser positivo, como cuando, por ejemplo, imbuye nuevos ímpetus a un grupo que se ha dormido sobre sus laureles, o puede ser problemático.

Cuando se trabaja con un grupo que habla sobre meditación y medita unido, es doblemente tentador caer en la trampa de tener experiencias «maravillosas», cosa que hay que evitar.

22. Cambio de escenario

Cuando caminamos por nuevos parajes, topamos con cosas inesperadas; algunas nos gustan y otras no. En este tipo de recorrido, lo importante es seguir. Al iniciarse en la meditación, muchas personas tienen experiencias interesantes. No son experiencias «buenas» ni «malas», sólo son parte de nuestros procesos personales. Si no lo comprendemos, nos podemos volver dependientes de ellas, por considerarlas maravillosas, o pueden preocuparnos, por no resultarnos familiares. Siempre alivia saber qué puede pasar, y si hay que hacer algo al respecto, en qué consiste.

Es improbable que el lector tenga alguna de esas experiencias, pues suelen ocurrirles a personas que siguen intensos programas de meditación, con varias horas de práctica diarias. Pero de todos modos, va bien saber de qué se trata por si la experimenta alguna vez, aunque sea ligeramente.

Sentirse bien

Al empezar a meditar, los primeros días la gente suele sentirse mejor, o incluso eufórica. Entre las muchas explicaciones posibles a esto, la que yo subrayaría es que la mente y el cuerpo se sienten tan aliviados porque finalmente hacemos algo tan estupendo para nosotros, que se vuelven eufóricos. Al cabo de un tiempo nos acostumbramos a ese nivel de relajación y equilibrio, y entonces ya no nos parece especialmente maravilloso y necesitamos alcanzar una relajación y una concentración más profundas para experimentar esa sensación con la mismo intensidad.

Es importante recordar que no meditamos para tener buenas

sensaciones. Ni el cenit de las buenas sensaciones, es decir, la experiencia mística, es un fin en sí mismo, sino que sólo es algo que nos impulsa hacia la siguiente etapa del viaje. Si sólo meditamos para alcanzar la felicidad, corremos el riesgo de quedar terriblemente decepcionados la mayoría de las veces.

No hay que olvidar que la meditación también favorece la relajación del cuerpo y de la mente, el aumento de la concentración mental y del control, reduce el estrés, equilibra nuestras energías sutiles, induce a la claridad emocional y mental, y aumenta la habilidad para la autocuración, entre otros muchos efectos beneficiosos. Todas esas cosas se consiguen con o sin sentimiento eufórico. Ese sentimiento no es más que un obsequio que a veces se nos hace para ratificarnos que hacemos Una Cosa Buena por nosotros.

Visiones

La primera vez que medita, mucha gente experimenta el fenómeno de ver preciosas visiones o luces de fantásticos colores, o de escuchar una música exquisita. Las personas a las que les pasa esto pueden pensar que una «buena» meditación conlleva esos fenómenos, y luego quedan contrariados cuando no se dan. También hay personas que tienden a competir sobre sus experiencias visionarias, lo cual, en vez de favorecer la meditación, genera fantasías. Esta competición tanto pueden establecerla con otros, como entablando una competición más sutil con ellas mismas, tratando de superar la última experiencia «maravillosa».

Si escucha la música o se fija en las imágenes que le pasan por la cabeza, es improbable que atienda a su objetivo, y si no está concentrado en su objetivo, no medita.

Si, en cambio, usted ignora el fenómeno y prosigue su meditación, esas cosas desaparecerán gradualmente. Marcan ciertos cambios en nuestro equilibrio de energía interior, así como las transiciones de un nivel de conciencia a otro, casi siempre más profundo.

La mayoría de personas que han practicado durante años han experimentado fenómenos recurrentes. Algunas tradiciones cristianas, de yoga, de budismo zen y de otras tendencias espirituales, los consideran «ilusiones» o «tentaciones», es decir, distracciones y manifestaciones de resistencia a la meditación en sí. Hay tradiciones como, por ejemplo, el tantra yoga, que sugieren que se observen atentamente, sin implicarse con ellos. Un profesor experimentado podrá explicarte muchas cosas sobre la evolución de tu meditación, según los fenómenos que te ocurran.

Por muy bonitos que sean esos fenómenos, sólo son hitos a lo largo del camino, ante los que muchas personas pasan de largo, *sin* experimentar los fenómenos. Lo importante es considerarlos como algo que pasa en el proceso y que, como aparece, se va. Si estamos pendientes de ellos y meditamos para experimentarlos, no avanzamos. Es como quedarse parado mirando un mojón, pensando que eso significa que hemos llegado al final del recorrido. Si sólo los miramos cuando pasan, los dejamos ir y proseguimos con nuestra práctica, se desvanecerán gradualmente, como fenómenos transitorios que son. Los primeros meses que estuve practicando pasé mucho tiempo tratando de dar sentido a esos preciosos colores, tiempo que hubiese empleado mejor meditando.

Al igual que los ocasionales sentimientos de euforia, denotan un cambio; hay que valorarlos por eso, y liberarlos. Si estamos pendientes de esos fenómenos, no podremos proseguir hacia ese nivel de conciencia más profundo y mayor quietud y claridad, donde esas experiencias también se diluyen en el silencio. Esos fenómenos no son, en absoluto, «metas» por las que valga la pena esforzarse.

Liberación emocional

Cuando una persona que ha estado muy tensa durante largo tiempo se relaja, a veces afloran en ella distintas emociones. A menudo se trata simplemente de sentimientos que estaban bloqueados, quizá desde hace tiempo, en los rígidos músculos, que a veces se manifiestan cuando se libera la tensión que los retiene. Son sentimientos que querían hacer algo que la mente prohibía.

Son cosas pasadas, que ya no importan, que sólo hace falta liberarlas junto con la tensión. Las personas que hacen masajes y otros tipos de manipulación corporal están muy familiarizadas con esos fenómenos.

A veces tenemos ganas de llorar, nos sentimos tristes o enfadados. Si le pasan esas cosas cuando medita o practica una técnica de relajación, no se contraríe. La mente siempre trata de buscar en el presente una explicación a lo que sentimos. Por ejemplo, si un grupo de músculos relajados libera un sentimiento de rabia, la mente busca inmediatamente en el presente, o en el pasado reciente, una razón para ese enfado. Un proverbio chino dice: «Un hombre que quiera golpear un perro, siempre encontrará un palo». Si nos empeñamos, siempre encontraremos alguien o algo motivo de enfado. Es posible que esa rabia no tenga su razón de ser en el presente, y sea sólo un «artefacto», algo que está ahí desde hace tiempo, que no tiene relevancia en nuestra vida actual. Hay que reconocer esos artefactos como lo que son y simplemente liberarlos, de modo que no se enreden en nuestra vida y sentimientos presentes.

Esto no es, desde luego, un problema frecuente cuando nos relajamos profundamente, pero es algo que debemos distinguir si ocurre. Cuando afloran esas emociones va muy bien practicar el ejercicio *Respirar en la verdad* (capítulo 40). Si el ejercicio nos devuelve la serenidad, sabemos que la emoción es sólo un artefacto. Si realmente hay una causa por la que emocionarnos, los sentimientos no desaparecerán con el ejercicio; en cualquier caso, si nos concentramos en nuestra respiración podremos considerarlo con más tranquilidad y objetividad.

Sensaciones de energía

Cuando meditamos o nos relajamos, a veces experimentamos extrañas sensaciones producidas por la energía que se mueve alrededor del cuerpo. Esto puede incluso ir acompañado de tirones o espasmos. Si nos preocupan esas sensaciones, que raras veces duelen, es sobre todo porque no nos son familiares. Esas experiencias ocurren, al igual que una liberación emocional, porque liberamos tensiones bloqueadas y la energía que hay en ellas. De hecho, podemos llamarlas «liberación de energía». Están relacionadas con las contracciones que a veces tenemos cuando nos dormimos. Mantener la tensión requiere energía, y cuando la liberamos, sale rápidamente para buscar otra cosa que hacer o descargar en el sistema.

También podemos experimentar esas sensaciones fuera del tiempo de meditación o relajación. Si piensa que es posible que tenga un problema físico, consúltelo con el médico, pero lo más probable es que esas sensaciones de energía sólo sean viejas tensiones que se liberan y la energía del cuerpo que se reequilibra. Esto también le ocurre sólo ocasionalmente a algunas personas.

Si esas sensaciones se hacen tan fuertes que le preocupen, la prescripción de un metafísico para reducirlas es la siguiente:

1. Descanse bien todas las noches, acuéstese y levántese según un horario regular y razonable.

2. Aliméntese siguiendo una dieta sensata, sin extremismos, a horas regulares.

3. Haga mucho ejercicio físico. Eso no significa que tenga que correr varias horas al día si está acostumbrado a una vida sedentaria; sea razonable y cambie gradualmente su programa de ejercicios. Cuidar del jardín o dar paseos por el campo son actividades especialmente recomendables.

4. No tome medicinas, ni siquiera las que le prescriban, a menos que sean imprescindibles para su salud. Cuando esté en ese estado de ánimo, las medicinas sólo le confundirán más. Su cuerpo trata de encontrar un equilibrio más sano, déle una oportunidad.

5. Medite quince minutos diarios, ni más, ni menos. Eso contribuirá a estabilizar y moderar la intensidad del cambio y la liberación.

6. Practique diariamente algunos ejercicios para estar más centrado, como por ejemplo los de los capítulos 6, 7 y 8. Mientras más fuertes sean las sensaciones, más indicados son esos ejercicios.

> *7. No se excite con las sensaciones y no piense que significan que hace algo fantástico. Sólo son señales de que está cambiando y se está volviendo una persona más relajada.*

Como puede ver, los cuatro primeros son de sentido común. También lo son los tres últimos, pero no siempre los consideramos.

Intuición

Después de meditar durante un tiempo, en muchas personas aumentan esa sensibilidad que la mayoría hemos notado alguna vez. A todos nos ha ocurrido algo parecido al hecho de oír el teléfono y pensar (sin lógica alguna): «Esto debe de ser tal y tal», ¡y tener razón!

Los espiritualistas quizá lo interpreten diciendo que estás aprendiendo a escuchar a tus guías. Creo que si tuviera guías tendrían cosas mejores que hacer que pasar el tiempo haciéndome ir al teléfono. En cambio, algunos cristianos fundamentalistas dirían que somos presa del demonio. No acabo de ver la relación, aunque siempre he pensado que la factura del teléfono debe ser cosa de Lucifer, o por lo menos de algún diablillo. Algunas personas pensarán que es cosa de religión. Desde mi punto de vista, es mucho más sencillo que cualquier explicación que requiera la intervención de otras personas (quizá superiores y buenas, quizá infames).

En parte, nuestra intuición se debe a que en realidad vemos y oímos mucho más de lo que *nos damos cuenta*. Un ejemplo de esa información inconsciente es la utilización de la hipnosis para hacer recordar el número de matrícula de un coche implicado en un accidente a un testigo que no es consciente de haber visto ese número. Hay una parte de la mente que capta la información ignorada por la mente consciente (como, por ejemplo, nuestro propio lenguaje corporal, el lenguaje corporal de los demás y detalles del entorno).

Todos nos hemos sentido alguna vez incómodos al hablar con alguien, como si algo indefinible fuese «mal» A menudo pasa porque una parte de la mente es consciente de que el lenguaje del cuerpo de la otra persona emite un mensaje distinto al de sus palabras. Su discurso pueden sonar tranquilo, razonable y honesto, pero puede ser que su cuerpo diga sutilmente que están enfadados o son falsos. La parte de nosotros que «habla» nuestro lenguaje corporal también «oye» el de los demás, pero muchas veces no somos conscientes de esas sutiles señales, y sólo percibimos una vaga sensación. La persona que medita, en virtud de su serenidad mental, tiende a ser más consciente de esas sutiles fuentes de información.

Casi todo el mundo ha tenido experiencias inexplicables en términos ordinarios, como saber quién está en la puerta, pensar en alguien de quien no sabemos nada desde hace años y encontrarlo «por casualidad» en la calle el mismo día, saber lo que va a decir alguien aunque estén hablando de un tema que no tenga nada que ver con ello, o saber quién ganará una rifa antes del sorteo. Esos fenómenos los describimos con diferentes palabras, como coincidencia, corazonada o intuición, entre otras.

Dado que no sabemos *cómo* pasa, tendemos a pensar que es algo mágico, o a atribuirlo a la acción de los dioses o de los demonios o, como piensan muchos en estos tiempos materialistas que corren, que es sólo una ilusión –una mentira que nos decimos–, o suerte. A la infinidad de personas que les han pasado cosas así, les resulta difícil creer en la teoría de la ilusión y, si suceden a menudo, cada vez cuesta más pensar que sólo es cuestión de suerte.

Cuando se medita con regularidad, la mente empieza a distinguir gradualmente entre el caos y los rumores. Cuando esto ocurre, captamos esas sutiles percepciones con más claridad y frecuencia. A algunas personas esto les preocupa, pero es un proceso completamente natural; simplemente tenemos que aprender a manejarlo, al igual que aprendemos a seleccionar y comprender las impresiones visuales, auditivas y cinestéticas en la primera infancia.

Al parecer, los sentidos funcionan en dos aspectos: físico y energético (a falta de una palabra más precisa). De hecho, la vista y el oído también se basan en la percepción de la energía, (ondas de luz y sonido). No por el hecho de no comprender *cómo* funcionan los sentidos «energéticos» se puede negar que haya una explicación perfectamente natural. Somos conscientes de nuestros sentidos físicos desde que nacemos, aunque tardamos un tiempo en aprender a utilizarlos, y aún más en comprender lo que significa de hecho lo que perciben. Nuestros sentidos energéticos son mucho más sutiles y están sujetos a las interferencias de las emociones y actitudes.

En la utilización de los sentidos energéticos se aplican las mismas normas éticas y de sentido común que para los sentidos ordinarios. Hay que tener presente que existe la misma laguna entre percepción y comprensión que en el mundo ordinario. En el mundo ordinario, un extraño puede pasar la noche en casa de la vecina, mientras su marido está de viaje. Si no sabemos que es su hermano, podemos extraer estúpidas conclusiones. Tenemos que ser doblemente cuidadosos con las conclusiones que sacamos de las percepciones energéticas, porque hasta que aprendamos a reconocerlas y evaluarlas correctamente, no podemos aceptarlas como información válida.

Si bien la sensibilidad puede ser resultado de una mayor claridad mental y de ser más consciente, también puede deberse a que no se parte de la base adecuada y se está descentrado. No pocas «sensibilidades naturales» están en esas condiciones, porque a menudo tienen fama de ser personas inestables con ideas extrañas. Una sensiblidad tan desequilibrada no suele distinguir con claridad entre los sentidos energéticos y las fantasías propias o ajenas. Hasta que sepamos centrarnos y entendamos realmente esos sentidos, conviene considerar esas percepciones con reservas y no estar pendientes de ellas ni entusiasmarse al respecto.

Todas las experiencias comentadas en este capítulo apuntan hacia un objetivo: mejorar la salud física, incrementar la agudeza mental y la visión interior, y tener un estado emocional más saludable y equilibrado. Pero sólo eso, *apuntan hacia* una meta, no dicen que hayamos llegado.

23. Notar los cambios

Cuando estamos en camino, no siempre notamos los cambios que se producen en nosotros, aunque constituyen una de las cosas esenciales del recorrido. Hemos hablado de algunos cambios que esperamos experimentar cuando practicamos regularmente la meditación. La gente tiene curiosidad por saber cuándo se empiezan a sentir esos efectos positivos.

De hecho, los cambios se producen nada más empezar, pero ninguno de ellos *es* o *no es*. El embarazo es un ejemplo del tipo de caso si/no. Una mujer está o no está embarazada, no es posible estarlo sólo un poco o según cómo se mire. Por el contrario, todo lo que hemos visto, como la disminución del estrés, el aumento de la energía, una mayor conciencia, etcétera, se extienden en una línea continua y seguida que va desde lo «mínimo posible» hasta el otro extremo de lo «máximo posible»

El tiempo que necesita una persona que medita para experimentar cambios perceptibles depende de factores como los hábitos adquiridos, la constitución fisiológica y psicológica, la autodisciplina, la constancia, el entusiasmo con que practique los ejercicios, y el grado de conciencia. La meditación favorece todas esas cosas, por lo que mientras más se practique, antes se podrás notar un cambio en uno mismo.

Si bien no es esencial dejar constancia de lo que se siente en cada meditación, a muchas personas nos va bien anotar regularmente en un diario lo que experimentan con la práctica de la meditación. Podemos, por ejemplo, escribir si nos sentimos relajados o no al final de la meditación, si tenemos más capacidad para mantener la atención en la técnica que nos ocupa, y si reaccionamos de modo distinto ante las situaciones de estrés. Podemos anotar los fenómenos que nos ocurren, o mencionar otros cambios que hayamos percibido o que los demás hayan notado en nosotros.

También puede ser útil especificar en el diario las cosas de nosotros que queremos cambiar. Una de las características del ser humano es que tiende a olvidarse de lo que deja de ser problemático. Aunque estemos preocupados porque una persona o una situación en concreto nos despiertan irritación, cuando no la sentimos, tendemos a olvidarlo. Con un diario es más fácil observar esos pequeños cambios, tan sutiles a veces. Es especialmente recomendable mantener un diario si se medita por cuenta propia, sin la orientación de un profesor ni el apoyo de un grupo.

24. El viajero experimentado

Después de ver el mismo tipo de paisaje durante bastante tiempo, pensamos que ya lo hemos visto, tendemos a observarlo menos y pasamos sin prestarle demasiada atención. Cuando hemos practicado el mismo ejercicio de meditación mucho tiempo, puede ser menos efectivo, pasar a ser simplemente una manera de relajarse, y no «requerir esfuerzo alguno», ni infundirnos energía.

Por eso, según muchas corrientes de meditación, el estudiante debe hacer ejercicios cada vez más difíciles. Si uno es el profesor de sí mismo, sentirá cuándo llega el momento de pasar a algo más difícil, algo que exija un poco más. Por ejemplo, si siempre ha utilizado una técnica de concentración en un punto interior, quizá le convenga probar las exteriores que, por regla general, son algo más difíciles.

Hay una alternativa. Podemos utilizar la familiaridad y el aburrimiento para impulsarnos a nuevos niveles de conciencia e intensidad de concentración. Podemos superar la tentación de sumergirnos en lo familiar. Si al principio nos parecía que la técnica de meditación que utilizamos ahora tenía considerables compensaciones, podemos tratar de recuperar el entusiasmo y la atención que una vez le dedicamos antes de probar otra cosa. Si el problema no está en la técnica, sino en nosotros, somos nosotros los que debemos cambiar.

25. Establecer objetivos

Este tipo de caminos interiores se siguen por *el recorrido en sí*, no por algún objetivo imaginario en el igualmente imaginario final. La meditación forma parte de un proceso que dura toda la vida. El único «fallo» que podemos cometer en los ejercicios de meditación es el de no hacerlos. También podemos reducir su efecto positivo criticándonos constantemente porque no «nos sale bien». La autocrítica, la impaciencia y la frustración nos perjudican, son cosas innecesarias que creamos. La única norma que hay que seguir para hacer bien la meditación es la de practicarla cada día.

Practicar regularmente la meditación «es» hacerla bien

Cada sociedad tiene sus propias actitudes sobre el establecimiento de metas. Tenemos la tendencia de evaluar el «éxito» por la rapidez con que lo alcanzamos, y nos contraría y desanima tardar «demasiado» en lograrlo. Difícilmente se nos ocurriría que el objetivo de la meditación, como en otras muchas cosas, sea *experimentar el proceso*, en vez de alcanzar algún objetivo prefijado. La meditación es un proceso que dura toda la vida; siempre hay más que aprender, más que experimentar, siempre podemos seguir favoreciendo el crecimiento interior.

Si nos establecemos unos objetivos para la meditación, al principio debemos fijar sólo los más sencillos, que nos hagan sentir mejor, más relajados, con más energía, o que se amplía nuestra capacidad para conocernos y conocer a los demás. Entonces pronto empezaremos a tener propósitos que nos salgan «bien». Es mejor considerarlos como «marcadores», en vez de como objetivos, porque sólo son una indicación de que vamos bien.

Una de las cosas que aprendí durante mis años de enseñanza es que si los propios estudiantes creen que no «hacen bien» la meditación si no consiguen una completa relajación mental y experimentan algo excitante, es muy difícil que piensen que su práctica les sirve de algo. Hay varios motivos por los que no es, en absoluto, aconsejable fijarse esos objetivos.

En primer lugar, no sabemos que estamos a punto de calmar la mente hasta que ocurre, no reconocemos que se acerca el momento hasta que nos encontramos en la situación, e incluso entonces es posible que no la reconozcamos inmediatamente. En muchos casos restamos importancia a los primeros instantes de silencio mental dando por supuesto que nos hemos dormido porque hubo un momento en que no oíamos, pensábamos ni soñábamos.

En segundo lugar, podemos pensar que hemos estado en silencio cuando en realidad nos concentrábamos profundamente en un estado de conciencia alterado, pensando o percibiendo otra cosa (o quizá durmiendo), y luego no lo recordamos. Hay una diferencia. Si hemos estado dormidos o pensando en un estado de conciencia alterado, generalmente nos sentiremos descansados. Si hemos estado en el verdadero silencio, nos sentiremos totalmente descansados, pletóricos de energía, eufóricos y posiblemente incluso inspirados.

Respecto a los objetivos apropiados, hay que hacer una puntualización sobre las expectativas culturales. Santa Teresa de Ávila decía que cualquier persona que lo intente en serio puede alcanzar ese silencio interior en un plazo entre seis meses y un año. Esa afirmación ha influido en mucha gente, incluso en personas a las que la idea les había llegado distorsionada o no conocían siquiera su procedencia. Lo que decía probablemente es cierto, aunque hay que situarlo en el contexto de la cultura y las expectativas del siglo XIII.

Para santa Teresa «intento serio» debía significar retirarse a un monasterio y dedicar muchas horas al *Opus Dei*, el «trabajo de Dios», el divino oficio de la oración formal. También incluiría muchas horas de oración contemplativa a lo largo del día. Y, por supuesto, dedicar el resto del tiempo a alcanzar el estado mental contemplativo, vuelto hacia Dios, en todas las actividades ordinarias de la vida diaria de un monje o una monja contemplativos. Nos puede parecer exagerado, pero para santa Teresa, en su tiempo y entorno, era obvio.

En tiempos de santa Teresa, la gente se preparaba para trabajar en una sola actividad de su oficio durante muchos años. En la construcción de una catedral se empleaban varias generaciones de trabajadores, y un hombre podía perfectamente dedicar toda su vida laboral a realizar una pequeña parte. El hombre plantaba en sus tierras sabiendo que durante generaciones sus descendientes se beneficiarían del fruto de su trabajo. Las casas se hacían para habitarlas generación tras generación. Hoy en día las cosas se ven de otra manera, los objetivos a largo plazo deben alcanzarse en pocos años, o incluso en cuestión de meses. Para santa Teresa y muchas generaciones precedentes y posteriores a ella, una meta a largo plazo era muchas veces un compromiso de por vida, a veces incluso un proyecto que ni los nietos verían cumplido.

En las condiciones actuales, pocas personas están preparadas para dedicar sus vidas a alcanzar metas espirituales a largo plazo. Hoy los propósitos a largo plazo suelen ser cosas como pagar la hipoteca, las tarifas universitarias de los hijos o planificar la jubilación. Nuestra sociedad ha olvidado lo que significa planificar con mucha antelación, tener en cuenta generaciones que aún no han nacido: buscamos la rentabilidad inmediata. Un terrible ejemplo es la forma en que hemos contaminado la tierra desde la Revolución Industrial, produciendo la actual crisis ecológica.

Aunque pretenda considerar este aspecto de los objetivos a corto y largo plazo, no empiece tratando de evaluar si «falla» en la meditación. Si limitamos los objetivos de la meditación a los más sencillos, como sentir cada vez una mayor relajación y claridad, pronto obtendremos resultados satisfactorios. La mayoría de las consecuencias positivas de la meditación antes comentadas, incluyendo el proceso de crecimiento personal, se consiguen casi siempre mucho antes de lograr ese silencio interior.

Lo que realmente importa es practicar cada día. *En eso consiste meditar bien.* Las personas que lo hacen experimentan ese absoluto silencio interior, en el que a menudo sienten el éxtasis de la mística, aunque no es su objetivo. La palabra mágica es «proceso», no «objetivo», y el proceso siempre avanza.

Si meditamos *esperando* una sensación de euforia, de éxtasis, o algún otro fenómeno, corremos un mayor riesgo de tener la impresión de «fallar» en la meditación, de desanimarnos y abandonar. Es esencial recordar que *lo importante es meditar*, no lo que experimentemos, ni cómo nos sentimos cuando terminamos.

En todas las corrientes de meditación, tanto las cristianas como las demás, los profesores hablan de que hay momentos en que los esfuerzos parecen ser vanos, meros actos mecánicos que repetimos una y otra vez. Lo llaman «sequía espiritual» y es evidente que en esos momentos lo mejor es la persistencia en la práctica de la meditación. Es prácticamente inevitable pasar periodos en los que meditamos diariamente sin resultados visibles, aunque los resultados negativos se ven enseguida que nos detenemos. Lo mejor es no juzgar nuestra experiencia de meditación. Generalmente no somos objetivos ni tenemos el suficiente conocimiento como para hacer evaluaciones fiables. Además, hay cosas mejores en las que emplear la energía, como, por ejemplo, practicar la técnica de meditación.

La verdadera base de la práctica de la meditación es la de carecer de objetivos, de presiones, de competición, de premeditación, para liberarnos de las fijaciones mentales y emocionales sobre nosotros. Debemos centrarnos con atención y esperar con serena tranquilidad. La clave es «ser», no «hacer».

26. Viajar con el corazón abierto

En este proceso es incidental cuándo viajamos, qué caminos seguimos, o con quién. Lo que realmente importa en un recorrido de este tipo es lo abiertos que estamos a nuevas experiencias y a crecer. Para acentuar esa predisposición, podemos hacer algo muy sencillo. Muchas personas creen que en la meditación lo ideal es distanciarse de las emociones. La mayoría de las técnicas de meditación utilizan algo abstracto –una palabra o una imagen-mandala–, o físico –la respiración, los latidos del corazón– como foco centrado en un punto. La deducción implícita o, a veces, incluso explícita, es que en la meditación no hay lugar para la emoción. Esto es cierto, en parte.

Sentimos un sinfín de emociones: ira, miedo, avaricia, envidia, ansiedad, excitación, aflicción, exaltación, amargura, impaciencia, inquietud, tristeza, histeria, deleite, presunción, aburrimiento, pena, desilusión, simpatía, regocijo, deseo, júbilo, diversión. Pueden ser agradables o desagradables pero, en todo caso, nos distraen dificultándonos alcanzar la calma necesaria para el estado de meditación. Por otro lado, los sentimientos como la paciencia y la serenidad pueden ser positivos. Hay una técnica de meditación zen llamada *shikan-taza* que utiliza una emoción concreta como parte de su foco.

Según esa técnica se deja descansar la conciencia en un sentimiento, el sentimiento de una «gratitud expectante». La parte «expectante» es la esperanza de que experimentaremos plenamente nuestra verdadera naturaleza, abierta y silenciosa, serena y gozosa, llena de luz. La «gratitud», por supuesto, es por experimentarlo. Dado que *sabemos* que ésa es nuestra verdadera naturaleza, que la experimentaremos, y que todo lo que tenemos que hacer es sentarnos tranquilamente, no hay prisa, tensión ni ansiedad; sólo hay una serena paciencia y la gratitud expectante, combinada con una conciencia despierta.

Cuando se opta por convertir la gratitud expectante en una parte de la meditación ocurren cosas interesantes. Es increíble y espantoso lo fácil que es, incluso para las personas que no son particularmente pesimistas, pasar de la gratitud expectante al «pesimismo premonitorio». Muchos de nosotros llevamos algo, que debe estar casi siempre adormecido, que nos dice que no es correcto anticipar la generosidad del universo.

Meditar en gratitud expectante es un ejercicio de confianza con el que podemos descubrir que la *ausencia* de una desconfianza mental consciente no es necesariamente lo mismo que la *presencia* de una confianza real. No deja de ser curioso que elegir experimentar una fuerte y deliberada presencia de confianza amorosa puede provocar en nuestra mente inconsciente una inquieta y vaga alarma. La mayoría aceptamos inconscientemente que hay que luchar por lo que se desea y nos resulta difícil creer que en nosotros haya algo maravilloso. Si integramos en nuestra práctica el sentimiento de gratitud expectante tendremos la posibilidad de cambiar el hábito inconsciente de mirar con suspicacia el universo.

También diríase que creemos en una especie de magia primitiva según la cual si somos vistos desesperadamente ansiosos y necesitados, y si hacemos un denodado esfuerzo y duele mucho, algo nos irá bien. Creemos poder sobornar al universo, o a los demás, para que nos traten bien. Es evidente que, por lo que concierne al universo, es superstición, y por lo que respecta a las demás personas, es, en el mejor de los casos, poco seguro. Si bien esto es el resultado de nuestras reacciones a la experiencia de la vida, la proyección de nuestra actitud hacia el universo, no tenemos por qué vivir con ello toda la vida. Es sólo otro hábito y, como sabemos, los hábitos se pueden cambiar.

No debemos olvidar que tenemos la capacidad de sentir cualquier emoción en cualquier momento. Negar o suprimir una emoción que sentimos puede herirnos, pero, por otra parte, no debemos ser esclavos de nuestros sentimientos. Debemos observar las emociones presentes y analizar si se basan en lo que nos está pasando o si es sólo un hábito. Si se trata de un hábito, hay docenas de libros sobre técnicas e innumerables terapeutas que nos pueden ayudar a cambiarlo. Si, en cambio, la emoción es basada en una circunstancia actual, tenemos la opción de cambiar nuestra respuesta a tal situación y quizá necesitemos ayuda para eso.

No se trata de suprimir las emociones. Cuando lo hacemos, forman un residuo tóxico, desmoronando nuestras psiques y creando lugares corrompidos. Lo que sí es deseable es aprender a reaccionar ante las cosas de otra manera que no implique represión y signifique comprendernos mejor a nosotros mismos y a los demás. Esa comprensión conlleva de modo natural la reordenación de las emociones. Es posible conseguir este cambio, aunque puede ser muy difícil y tengamos que recurrir a la ayuda profesional.

Puesto que la capacidad de sentir cualquier emoción es algo que está latente en nosotros, muchas veces, si no estamos completamente absorbidos por otro sentimiento, podemos experimentar una emoción concreta simplemente centrando nuestra atención en una parte de nuestra psique. Si pensamos cosas aterradoras, empezaremos a *sentir* miedo; si pensamos cosas que nos dan rabia, empezaremos a sentirnos enfadados; si pensamos en cosas agradables, empezaremos a sentirnos contentos. Los sentimientos son, en mayor medida de lo que imaginamos, cuestión de elección, de escoger lo que queremos pensar. Los hábitos son elecciones hechas mientras estamos adormecidos.

Cuando nos preparamos para meditar, centrarnos y calmarnos, podemos ir más lejos y *elegir* sentir una gratitud expectante mientras practicamos. Esto puede formar parte de casi todas las técnicas de meditación.

A pesar de que parece una elección obvia, apenas la hacemos. Tenemos en nosotros algo llamado «resistencia» que vamos a considerar detenidamente.

Cuarta parte

Extraviarse

27. Desviarse del camino

Cuando meditamos es extremadamente fácil salir de la senda. Esto se debe a varias razones, y una de las más comunes es la resistencia. La resistencia hace que nos dividamos en agresor y víctima. El agresor es nuestra resistencia inconsciente, y la víctima es la intención, o el propósito, con que nos identificamos.

Como ejemplo, explicaré una anécdota de mi infancia. Cuando tenía catorce meses no me gustaban los cereales, mientras que mi madre pensaba que me convenían. Una mañana, cuando fue a la cocina a buscarlos, me bajé de mi silla. Cuando regresó mi madre, me vio de pie y me instó a que me volviese a sentar.

–No puedo– le dije.

–¿Por qué no?– preguntó.

–Porque no puede levantar el pie.

–¿Por qué?

–Porque tengo el otro pie encima.

La resistencia consiste en estar de pie y decir que no te puedes mover, en actuar como si realmente no hubiese nada que hacer respecto a la situación en cuestión, como si uno se enfrentase con un obstáculo inamovible, casi fuera del control humano. Cuando se viaja así, no se llega muy lejos.

Si estos ejercicios son tan fáciles y tan buenos, cabe preguntarse por qué no los hace todo el mundo.

La razón es porque funcionan. Nos acercan a la persona con la que nos resulta más difícil enfrentarnos, con nosotros, y nos cambian.

¿Acaso no se trata de eso?

Sí, pero esos cambios no sólo son las cosas observables que hemos mencionado. Inducen, a su vez, a cambios más profundos, en la manera en que *inconscientemente* pensamos sobre nosotros y los demás, y en la forma en que perseguimos nuestros objetivos. Incluso pueden darse cambios en nuestras ideas *inconscientes* sobre la naturaleza de la realidad. En esos casos se trata de mucho más que meros cambios, son transformaciones.

Una vez decididos a meditar, muchas personas se sorprenden de lo difícil que es prestar atención a la práctica. Aunque estamos acostumbrados a «cambiar de ideas» con bastante libertad, en raras ocasiones cambiamos nuestras creencias subyacentes sobre nosotros o sobre la naturaleza de la realidad. Con esas creencias a menudo incurrimos en una «inversión de ego», son cosas que aceptamos sin cuestionar y que siempre hemos *dado por supuesto* que eran ciertas.

Cuando las cambiamos, se tambalean los cimientos de nuestro mundo. Entonces nuestra vida adquiere otro significado, podemos tener deseos diferentes y ser virtualmente personas distintas. Esas creencias inconscientes también están arraigadas en nuestras convicciones sobre lo que debemos hacer para sobrevivir en este mundo. No hay duda de que nos resistimos a ese proceso.

La resistencia sólo tiene poder sobre nosotros en la medida en que somos inconscientes del hecho de que nos resistimos y creemos que tenemos una explicación razonable para nuestra conducta. Para resistirnos a trabajar debemos ser inconscientes de nuestra verdadera motivación. Una vez que comprendemos que no hacemos lo que queremos porque una pequeña parte de nosotros tiene miedo, entonces estamos preparados para seguir adelante. La resistencia, que, después de todo, requiere una elaboración inteligente, se disfraza de muchas maneras.

Tenemos a mano una fabulosa variedad de técnicas de resistencia. La resistencia suele presentarse en etapas; si una táctica no funciona, el inconsciente puede probar con otra. El primer paso en la resistencia a meditar suele darse incluso antes de que nos sentemos. Nos oímos con excusas como éstas:

● *No tengo tiempo*. No me diga que no dispone de diez minutos para usted en todo el día. Si realmente es así, no debe de tener su horario bien planificado, pero, sobre todo, hay algo erróneo en su actitud para consigo mismo.

● *No creo que sepa hacerlo*, en la misma línea que *no creo que me sirva para nada bueno*. Es poco convincente. Recuerdo que en una clase una chica se excusaba ante su compañero por no hacer el ejercicio que les tocaba. Cuando fui a ver qué le pasaba, resultó que ni siquiera había intentado hacerlo porque «sabía» que «no podría». Le sugerí que primero lo intentara y que no se rindiese y excusase antes de fallar. Evidentemente, hizo el ejercicio bastante bien y terminó sintiéndose muy satisfecha de sí misma.

● *Los niños pueden necesitarme.* Es posible, también lo es que suene el teléfono, que la casa se queme, o que el mundo se acabe. Y también puede ser que no le necesiten, o por lo menos tanto como para interrumpirle. A menos que tenga un programa inconsciente que requiera que los niños le necesitan todo el tiempo, demostrando así que es suficientemente importante como para que se le permita seguir viviendo, esa idea de que no dispone de diez minutos para usted a lo largo del día no es, desde luego, razonable, ni muy realista.

Hay quien practica mientras los niños duermen, y hay gente que medita en familia, incluso con niños pequeños, que pronto aprenden lo que se espera de ellos.

● *Estoy demasiado cansado como para meditar como es debido cuando termino mis quehaceres.* A la meditación se le puede dar mayor prioridad. Muchas personas se levantan un poco antes para practicar antes de hacer «todo lo demás». Lo hacen así porque saben que harán «todo lo demás» con más ligereza y eficacia después de haber meditado.

● *Aquí nunca hay la tranquilidad necesaria como para meditar.* No debe de ser verdad pero, en cualquier caso, hablaremos de eso más adelante.

Durante los primeros días de meditación podemos regresar a las resistencias del primer nivel una y otra vez. De hecho, incluso podemos escuchar algunas de las siguientes en boca de personas que han estado practicando durante mucho tiempo.

● *No puedo mantener la mente tranquila, no puedo meditar.* Desde luego, no podemos mantener la mente tranquila. Si pudiésemos, no necesitaríamos meditar.

La finalidad de los ejercicios es aprender a *estar* tranquilos y centrados. Si pudiéramos hacerlo sin que nos pasasen «chorradas» por la cabeza, *viviríamos en estado de meditación* y no necesitaríamos practicar los ejercicios, excepto quizá para no olvidarnos de lo que se supone que estamos haciendo.

● *He meditado tres días y no he notado ningún cambio.* Aquí la palabra clave es «paciencia». Son contados los ejercicios o las prácticas que produzcan cambios notables en pocos días, ni tampoco en cuestión de semanas. También habrá quien diga: *Hace tres años que medito y no he notado nada.* Es prácticamente imposible, nadie medita tres años si no obtiene nada provechoso. Acostumbra ser una excusa para justificar dejarlo, y es probable que la razón para abandonar en ese momento sea la inminencia de la transformación.

Hay que tener cuenta asimismo que es difícil notar un cambio *gradual* en nosotros. Podemos notar que, en un periodo de semanas o meses, empezamos a dormir mejor, a encontrarnos mejor, a tener más energía, a ver las cosas con más claridad, a estar menos tensos. En ocasiones los demás notan nuestro cambio antes que nosotros mismos.

● *No sé qué esperar. No creo que esto me sirva para nada,* o *no lo hago bien.* A veces la gente espera que repiquen las campanas, que cante un coro de ángeles, tener bonitas visiones, brillantes ideas y visiones interiores, felicidad absoluta, y que refulgentes luces de neón formen las palabras «sois un ser iluminado». Si ocurre alguna de esas cosas, *no deje de practicar los ejercicios.* Observe la experiencia mientras sigue contando la respiración o haciendo lo que se indique en el ejercicio que practica. Las experiencias visionarias están muy bien, y aunque no significan necesariamente nada importante, son producto de la meditación, no la finalidad. La mayoría de las veces no son más que otra forma de distracción.

Más de una vez tendremos ocasión de comprobar que si tenemos un problema y lo dejamos de lado mientras practicamos nuestra técnica, luego, a lo largo del día, quizá caigamos de repente en la cuenta de algo que nos clarifique la situación, aunque no meditemos con ese propósito.

Hay que meditar sin esperar nada, limitándonos a hacer el ejercicio. Si hacemos el ejercicio, hacemos lo que debemos.

● *Soy demasiado vago* (o *no soy autodisciplinado*) *para hacerlo.* La autodisciplina no se tiene porque sí, se *desarrolla*. Si la ejercitamos, se fortalece, como un músculo. La falta de autodisciplina no es una excusa, es una especificación de una condición temporal y corregible. Una vez más, es como decir que tenemos un pie encima del otro.

Desde un punto de vista objetivo, casi todas las ideas del primer nivel de resistencia son tan falaces como las antes mencionadas. Este tipo de resistencia sólo funciona si creemos ser lógicos y razonables. Tan pronto como admitimos que es simplemente resistencia, se desmorona, aunque es posible que entonces accionemos el segundo nivel de resistencia.

Para casi todos nosotros, la siguiente línea de defensa es física. La silla es incómoda, hace demasiado calor (o demasiado frío) en la habitación, estamos sentados en una postura incómoda, nos pica un pie, nos duele la cabeza, se nos duerme una pierna. Una vez más, lo que hace falta es reconocer que es simplemente una forma de resistencia. Entonces podemos considerar las cosas por lo que son, tratar cualquier malestar real y seguir con nuestra meditación. La resistencia puede acabar aquí o pasar al tercer nivel.

El tercer nivel es: no sé si he cerrado el gas de la cocina. No estoy segura de haber cerrado la puerta. No recuerdo haber descolgado el teléfono. Me he olvidado de llevar el abrigo a la tintorería, tengo que parar y escribir una nota para acordarme de hacerlo. Me olvidé de decirle a la secretaria que anule mi cita con (que concierte una cita con, que mande una carta a) el Sr. X, tengo que anotarlo. Tendría que pagar la factura de la electricidad ahora mismo, antes de que me vuelva a olvidar. No sé si cerré el coche. Tengo que acordarme de llamar a mi madre (padre, médico, veterinario, amigo, tía, fontanero). ¿Qué es eso que hace tanto ruido afuera? ¿Cómo es que los niños están tan callados? ¿Dónde se habrá metido el gato? Creo que los pájaros se vuelven a comer las fresas. No sé si dejé abierto el grifo de la bañera.

El tercer nivel también puede hacernos soñar despiertos cosas bonitas que brotan de la nada, y las seguimos, alegres, desviándonos del camino. Son ideas que surgen en la mente consciente como burbujas del inconsciente y nos distraen. Una vez más, debemos reconocer en ellas la resistencia y proseguir la meditación hasta que finaliza el tiempo previsto. La resistencia suele terminarse en este punto, aunque en ocasiones continúa, con las mismas tácticas. Cuando topamos con el cuarto nivel de resistencia, sabemos que nos estamos acercando a un auténtico cambio.

En el cuarto nivel es donde la resistencia se vuelve más inteligente y, en un alarde de imaginación, dispara Buenas Ideas a la mente consciente. De repente se nos ocurre qué tenemos que hacer respecto a algo que nos mantenía preocupados o desconcertados. En ese momento, a menos que nos concentremos realmente, nos dispondremos entusiasmados a hacer lo que se nos ha pasado por la cabeza, con lo cual la resistencia habrá ganado. Si, en cambio, somos conscientes de lo que ocurre, proseguiremos con la meditación, o pasaremos al quinto nivel.

Sólo en raras ocasiones la mente inconsciente está tan contrariada por nuestro cambio potencial que llega al quinto nivel de resistencia. El quinto nivel es donde la resistencia inconsciente despliega todos sus recursos y se dispone a jugar sucio. Cualquier cosa le parece mejor que esa terrible, amenazadora, meditación y la luz que lleva a las oscuras grietas de nuestra mente, y utiliza su poder para movilizar las emociones. De pronto nos parece que todo acaba y pensamos cosas como: «No me quiere... Debe tener alguna aventura por ahí... El jefe no me ha dicho nada, pero seguro que no está contento conmigo y pronto me echará... Voy a suspender el examen... ¿Y si no me contratan?... ¿Y si mi hijo tiene un accidente?... ¿Y si mi mujer lo descubre?... ¿Y si..., si..., si...?».

Éste es el nivel más difícil porque entran en juego las emociones, pero el principio es el mismo:

Reconocer la resistencia

Es difícil porque realmente *pensamos* que hay un problema, *parece* algo que *sabemos* que es cierto. Esta táctica es eficaz porque se basa en las inseguridades y los miedos de cada uno. Nuestra resistencia nos ataca en los puntos más vulnerables. Ahora, tanto si nuestros miedos se basan en la realidad objetiva como si no, necesitamos recordar que *lo que oímos es nuestra resistencia*, con independencia de que su mensaje sea cierto. La resistencia trata de evitar que practiquemos, y nos da desesperados golpes bajos porque estamos cerquísima de algún tipo de ruptura. Éste es el momento en que debemos persistir más. Con esa persistencia veremos con claridad sobre nosotros y nuestra situación, reconoceremos la verdad y la distinguiremos de la falacia.

El grado de resistencia que experimentamos depende en gran parte de lo cerca que estemos de la transformación interior.

Cuanto más cerca estemos de reconocer y cambiar una de esas directrices interiores, más tenaz puede ser la resistencia que opongan las partes inconscientes y preprogramadas de nosotros. Esto explica por qué experimentamos variaciones tan grandes en la fuerza de la resistencia; y también, en contrapartida, por qué es tan importante persistir en la práctica a pesar de esa resistencia.

La verdadera clave para reconocer la resistencia reside en ser consciente de que **cualquier razón para no meditar es resistencia**, por muy razonable que parezca. Si uno ha decidido hacerlo y no lo hace, una parte de sí se resiste. Depende de cada uno seguir o no.

28. Retomar el camino

Cuando la resistencia nos atrapa y nos desvía del camino de la técnica de meditación, a veces nos enfadamos con nosotros mismos. A menudo tenemos conceptos contradictorios sobre nuestra resistencia: desde la óptica de nuestra mente consciente podemos pensar que pretende sabotearnos, que es autodestructiva, que está siempre al acecho; mientras que desde el punto de vista de otra parte de nosotros, trata de salvarnos de la peligrosa y temeraria locura de nuestra mente consciente.

Hay una parte de nosotros muy primitiva, es como uno de los viejos dragones que viven en profundos cañones bajo la Llanura de las Reflexiones. Se basa puramente en tanteos y en la experiencia; busca el placer y huye del dolor. No es creativa, no mira hacia el futuro ni imagina alternativas a viejas conductas. En pocas palabras, su lema podría ser: ayer hice esto y sobreviví; sólo si hoy lo hago igual puedo seguir tranquilo.

Esa mente primitiva trata de protegernos de todo cambio, especialmente si implica transformarnos. Si bien sabe que es inevitable, no le gusta que cambien las cosas del mundo, aunque aborrece sobremanera los cambios en nosotros. Debemos reconocer que *la resistencia proviene de una parte de nosotros que trata de ayudarnos a sobrevivir*.

Ese dragón de las profundidades tiene programas o directrices inconscientes que en ocasiones hemos aceptado como valores de supervivencia. Cuando tratamos de actuar contra, o cambiar, esas directrices, evocamos la resistencia. La Llanura de la Resistencia no tiene por qué ser, en principio, un campo de batalla, y hay otras formas mejores de tratar la resistencia que luchando contra ella.

Cuando nos damos cuenta de que la resistencia nos ha desviado no debemos impacientarnos ni irritarnos. La experiencia de la meditación debe implicar un sentimiento de calma y serenidad, y todo lo que se oponga a eso es otra forma de resistencia, que hay que evitar. Como hemos visto, la resistencia puede tener capas y más capas. Hay que tener calma y evitar la autocrítica, la impaciencia, y otras actitudes negativas y contraproducentes que alteren la paz de nuestro mundo interior. Cuando sentimos frustración o rabia hacia nosotros mismos o hacia nuestro entorno, conviene ser conscientes de que es *otra manera* de perderse en el bosque. Lo que debemos hacer es respirar hondo, muy hondo, liberando conscientemente la emoción al exhalar, y seguir meditando.

29. Mantenerse en el camino

Cuando nos damos cuenta de que nos hemos desviado del camino, podemos aceptar que nos estamos resistiendo y sugerirnos que lo consideraremos más tarde, después de practicar, pues ahora no es el momento –el tono de «voz» mental debe ser tan paciente y amable como si nos dirigiésemos a un querido niño–, para proseguir el ejercicio hasta que termine el tiempo establecido.

Una alternativa aún mejor es considerar que los «pensamientos» pueden ir y venir como fondo de nuestra meditación. Si nos mantenemos centrados en la práctica de nuestra técnica, esos pensamientos fortuitos sólo pueden penetrar en las «fisuras» de nuesta atención. **Podemos utilizar la resistencia para recordarnos que podríamos prestar más atención a nuestro punto de mira.** Esto es un bonito e ingenioso giro de la mente, una especie de judo mental, y es lo más efectivo para desalentar nuestra resistencia.

Mientras más concentrados estemos en la práctica, menos interrupciones tendremos. En vez de pelear o enfadarnos con nosotros mismos, podemos aprovechar cada distracción para recordarnos que debemos concentrarnos cada vez más.

Hay, sin embargo, otra manera de tratar con ciertos tipos de distracción: asumiéndola.

Aceptar al enemigo

Cuando nos concentramos en evitar prestar atención hacia algo, no estamos practicando la técnica. Este ejercicio descarta la idea de la confrontación y utiliza los ruidos del entorno que nos distraen y molestan como punto focal positivo de la meditación, en lugar de considerarlos una distracción que se debe evitar.

> *Siéntese en un postura cómoda, erguido. Fíjese en el movimiento del abdomen al respirar.*
> *Utilice los sonidos naturales del entorno como punto focal externo. Sea consciente de la respiración al tiempo que escucha con atención. Nombre los sonidos que oiga. Por ejemplo, puede decir mentalmente: coche..., nevera..., respiración..., voces..., música..., voces..., respiración..., etcétera. No piense en los sonidos, limítese a observarlos y nombrarlos, sin valorarlos «bien» ni «mal».*
> *Deje que cada sonido, sea del tipo que sea, le sumerja más en el estado de meditación.*
> *Mientras dure la práctica, preste constante atención al movimiento de la respiración en la parte inferior del abdomen.*
> *Mantenga los ojos cerrados, o ligeramente abiertos con la vista baja.*

Con este tipo de ejercicio se suele modificar nuestra reacción ante los ruidos del entorno, que cada vez nos parecen más neutrales, o incluso relajantes, en vez de irritarnos o alarmarnos. Es evidente que algunos ruidos (el bebé que llora, un grito de dolor o de miedo) pretenden precisamente alarmar y llamar nuestra atención. Pero respondemos a muchos ruidos que no tienen nada que ver con nosotros como si también se tratase de alarmas, cuando éstas, de hecho, son escasas, frente a la mayoría de ruidos, que son neutrales, o carecen de importancia. Si tiene un problema con el ruido, vale la pena que pruebe esta técnica, que requerirá cierta constancia por su parte, pues la respuesta no es inmediata, pero aproximadamente al cabo de un mes de práctica diaria notará un cambio radical y duradero.

Con el mismo espíritu de aceptar al «enemigo» que hay en nosotros, podemos utilizar el dolor físico como punto focal para nuestra meditación. La técnica es muy simple.

Siéntese en una postura cómoda y erguida, cierre los ojos y fíjese en la respiración. Tómese el tiempo necesario para relajar la respiración, de modo que fluya libre y profundamente.

Cuando respire suavemente y con tranquilidad, concéntrese en la zona alrededor del corazón. Imagínese que el corazón irradia calor y que esa calidez le calienta la respiración cuando inspira. Imagínese que el calor que le rodea el corazón hace que el aire que espira sea más caliente que el que aspira.

Cuando pueda imaginar ese calor del corazón en cada respiración, empiece a pensar que cuando espira, sale el aire y el calor va a la zona dolorida. Imagínese que el calor suaviza la zona alrededor del dolor.

No trate de incidir en el dolor, limítese a pensar en la zona que lo rodea e imagínese que se suaviza y se libera cada vez que respira. Siga haciéndolo hasta que sienta que esa zona está tan caliente y suave como sea posible en ese momento. Si pierde la concentración, restablezca la cálida respiración y la suavización.

Cuando sienta que ha suavizado y dado a la zona alrededor del dolor toda la calidez posible en ese momento, deje que el calor fluya hacia el centro del dolor mientras vuelve a centrar la atención en el calor del corazón.

Es mejor que no piense en la entrada de ese flujo ni trate de hacer nada al respecto. Piense por un momento que eso está ocurriendo, y vuelva a centrarte en la respiración y el calor del corazón.

Imagínese que el corazón irradia calor hacia abajo, por el cuerpo, las piernas y los pies; hacia los lados, por los hombres, los brazos y las manos; hacia arriba, por el cuello y la cabeza. Tómese tiempo para eso e imagínese con claridad cada zona.

Ahora haga un par de profundas respiraciones, abra los ojos, flexione los dedos de las manos y los pies y, si quiere, estírese.

Algunas personas encuentran que este tipo de ejercicio es maravillosamente relajante, y que reduce o elimina el dolor. Esto se debe, en parte, a que tenemos una tendencia natural a tensarnos alrededor de un dolor para cercar la zona y protegerla de más daños. Desgraciadamente, esa tensión incrementa la sensación de dolor. Si liberamos la tensión, el dolor a veces se reduce drásticamente. Ese ejercicio es una forma de hacerlo con suavidad, sin traumas.

Hemos analizado la resistencia y cómo dar la vuelta a las cosas para sacar el máximo partido en la práctica. Sólo si comprendemos y trabajamos conscientemente la resistencia conseguiremos integrar la meditación en nuestra vida cotidiana. Y, por supuesto, eso es más fácil si estamos completamente relajados.

Quinta parte

Sobre la liberación

30. ¿Por qué tanta prisa?

Cuando recorremos el camino de la vida diríase que nos olvidamos de disfrutar y saborear el viaje. Lo mismo puede decirse del recorrido por nuestro mundo interior. Debemos estar relajados para beneficiarnos de sus efectos positivos. Las técnicas de relajación son similares a las de meditación, y con ellas se puede aprovechar al máximo la práctica de la meditación.

Si alguna vez ha «intentado relajarse» cuando estaba tenso o contrariado, la expresión «simple relajación» le dará risa, pues relajarse no es cosa fácil, y menos cuando se necesita. Nuestra actitud hacia la vida se expresa significativamente en la frase «intentar relajarse». Relajarse no es algo que se haga *intentándolo*, sino *posibilitándolo*.

La relajación no es un proceso activo; la tensión, en cambio, sí es activa. La tensión se crea –la creamos–, cuando un músculo o un grupo de músculos tratan de hacer algo y otros músculos tratan de evitarlo. La tensión va y viene en el cuerpo, formando pautas incómodas y de estrés. Los sentimientos dicen «hazlo», la mente dice «no lo hagas», y el cuerpo queda atrapado en medio, intentando responder a ambos tipos de mandatos, como un niño cuyos padres están en desacuerdo. Para relajarse, basta con dejar de mantener la tensión, dejar de favorecerla, liberarla.

Una de las ventajas de la meditación es que, dado que la atención está fuera de los pensamientos o sentimientos que suelen mantener la tensión, y puesto que los sentimientos armonizan con los pensamientos, induce a la relajación de forma natural. La mente no envía al cuerpo mensajes diciéndole que mantenga el estrés. Los cuerpos son generalmente sensibles, sólo mantienen la tensión cuando se les ordena, o cuando se les ha dicho tantas veces, durante un periodo tan largo de tiempo, que la mantenga, que han olvidado liberarla.

Entre la relajación y la meditación hay diferencias esenciales. Si bien en la meditación se produce naturalmente una relajación, al utilizar una técnica de relajación nuestra intención es exclusivamente la de liberar. Meditamos sentados, con la espina dorsal recta, porque eso nos ayuda a mantener la atención, y, en cambio, realizamos un gran número de técnicas de relajación tendidos, para liberar todos los músculos.

Habrá quien piense que la relajación debe ser fácil, si sólo se trata de liberar. Sin embargo, muchas veces tenemos tal hábito de tensión habitual que los músculos han olvidado cómo soltarse y tienen que volver a aprenderlo. La mayoría tenemos constantes tensiones musculares, tanto si sirven para algo como si no.

A muchas personas, por ejemplo, les cuesta creer que los músculos de los hombros tengan que estar tan sueltos como cualquier otro músculo relajado, que no tengan que estar en absoluto duros ni apelmazados. Generalmente sólo tienen que sostener camisas o vestidos, cosa que no requiere tanta potencia muscular como le dedicamos. Infinidad de personas mantienen permanentemente en tensión ciertos músculos de la mandíbula, u otros situados a lo largo de la columna. Y muchos tenemos nuestra propia selección de músculos que prácticamente nunca dejamos en relajación.

Son raras las personas que saben cómo liberar, cómo relajar los grupos de músculos que mantienen una tensión habitual. Con el tiempo, la meditación casi siempre produce una buena relajación, pero podemos acentuar sus efectos positivos aprendiendo a relajarnos apropiadamente.

31. Parar un rato

¿Cómo parar? ¿Cómo dejarnos ir cuando hemos olvidado lo que se siente con la auténtica relajación? Las dos técnicas descritas a continuación se utilizan en terapias de relajación y producen efectos positivos si se practican con regularidad. Hay personas a las que les gusta hacer una versión abreviada de una de ellas antes de su práctica de meditación, porque luego se concentran mejor en el ejercicio escogido. Ambas técnicas, a diferencia de los ejercicios de meditación, se hacen mejor acostados de espaldas sobre una superficie firme y cómoda, o sentados en una cómoda silla con la espalda apoyada. Hay que vestir prendas holgadas y cómodas.

Relajación progresiva

La técnica más activa de las dos se hace tensando y relajando progresivamente los grupos de músculos. Empezando por los pies, primero un lado y después el otro, siga por las pantorrillas, las rodillas, los muslos, las nalgas, la espalda, el abdomen, el pecho, las manos, los antebrazos, los brazos, los hombros, el cuello, la cara y el cráneo. Tense y relaje cada grupo de músculos. Hágalo primero en el lado derecho y luego en el izquierdo, pasando por los pies, las piernas, las nalgas, las manos, los brazos y los hombros.

Conviene hacer todo el ejercicio tres veces seguidas, alcanzando cada vez una relajación más profunda.

121

Cuando haya recorrido todo el cuerpo de esta manera, quéde-se donde está, tendido, relajado, durante un cuarto de hora, apro-ximadamente, sin tratar de hacer ni pensar nada. Después será un buen momento para que practique su técnica de meditación.

Precaución: si tiene problemas de salud, consulte a su médico antes de hacer este ejercicio, porque cansa mucho. En caso de duda, siga la siguiente técnica de relajación.

Formación autogénica

Esta segunda técnica de relajación es más pasiva. Para hacer este ejercicio, siga la misma secuencia que en la re-lajación progresiva, empezando por los pies y subiendo hasta la cabeza, pero sin tensar los músculos. En su lugar, repita tres veces, despacio: «El pie derecho está caliente y pesa». No trate de forzar nada para que ocurra; deje que se dé la relajación.

Preste particular atención a los músculos de la cara, a la relajación de la mandíbula, los labios, la lengua, los ojos, los párpados superiores e inferiores, y los múscu-los de la frente.

Si por alguna razón no le gusta emplear las palabras «pesa» o «caliente», puede utilizar otras como «flota», «cosquilleo» o «descansado». Evite términos como «rela-jado» o «cómodo» si cree que pueden condicionar al cuer-po a contrariarse o resistirse.

Este ejercicio, que produce una relajación cada vez más pro-funda, se puede repetir tantas veces como se quiera.

32. Un lugar tranquilo

Una vez que hemos aprendido a tranquilizarnos, aún podemos hacer algo más para intensificar el proceso de relajación. Se trata de un ejercicio de relajación de yoga (llamado a veces *Yoga de la pequeña salida*) que incluye la técnica de relajación progresiva. Para empezar, haga el ejercicio de relajación progresiva (o, si lo prefiere, practique el ejercicio de formación autogénica). Una vez completado el ciclo del ejercicio, con el cuerpo relajado, haga un ejercicio mental, consistente en imaginar un sitio bonito y tranquilo a su alrededor.

Imagínese ese lugar de descanso no como un lugar al que va, sino como un entorno que se crea a su alrededor. La diferencia radica en que si imagina que va a algún sitio, sale de donde está en realidad, mientras que el imaginar que donde está es un lugar maravilloso y tranquilo incide en su vida cotidiana y cambia su percepción y sus respuestas emocionales frente al entorno.

Después de seguir una vez el proceso de relajación, conciba una escena completa a su alrededor. Si, por ejemplo, le gusta imaginarse recostado al sol, rodeado de césped, especifique su descripción. ¿Cómo es la hierba? ¿Hay flores? Y, si las hay, ¿dónde y de qué tipo? ¿Qué aroma tienen? ¿Qué estación es? ¿Qué momento del día? ¿Hace viento? ¿Sopla fuerte? ¿A qué huele la hierba? ¿Hay otros aromas? ¿Es duro el suelo? ¿Qué hay en contacto con su cuerpo? Forme en la mente una escena completa con detalles de todos los sentidos, vista, oído, olfato, gusto y tacto.

Cuando haya construido ese lugar de descanso ideal, relájese mentalmente y piense que está ahí. No trate de imaginar más detalles; experimente la sensación de estar en ese sitio especial. Probablemente le parecerá que cada vez que practica este ejercicio, los alrededores se esclarecen y en su mente ve de forma más detallada y vívida. La imaginación mejora con la práctica.

Si los pensamientos son cosas –y lo son–, esta vez ha estado en este sitio, concebido específicamente para ser el mejor sitio para que se relaje en paz y belleza. Los yoguis sostienen que, si una persona se concentra bien y ha concebido y definido bien su sitio, ha estado ahí, física y mentalmente. En teoría, con control mental incluso es posible ponerse moreno. Sale más barato que irse a la costa y no hay que pasar por aeropuertos con aglomeraciones ni *overbookings*.

33. Flotar en el mar, fundirse en la arena

Flotar es sencillamente dejar ir las cosas. Si su apego al cuerpo y al cerebro parece un poco suelto en el mejor de los momentos, esto no es lo más indicado para usted, pero si tiende a ser rígido, hipercontrolado, tenso, o emocionalmente reprimido, esta técnica le puede ayudar.

> *Acuéstese y deje ir los músculos, el cuerpo, los huesos, los pensamientos y los sentimientos. No haga nada. Cada vez que se dé cuenta de algo, recházelo de la mente y del cuerpo cuando espire. Esto no es una técnica de relajación ni un ejercicio de meditación, sino disciplina, algo así como un ejercicio de los «músculos» mentales y espirituales, que se vuelven totalmente flexibles, sin límites, suavemente despiertos y atentos.*

No siempre es fácil sumirse rápida y profundamente en ese estado. A algunas personas les resulta más sencillo si antes hacen un ejercicio de meditación o de relajación, o si escuchan una música tranquila y fluida.

Ese proceso desemboca en una sensación similar a la de «dejarse ir» de la meditación o la relajación, aunque no es, en absoluto, lo mismo; es como un complemento –en ningún caso un sustituto– de la meditación y las técnicas de relajación.

Ésta es una técnica relacionada, que podríamos llamar *fundirse*.

> *Tiéndase en el suelo y fúndase con él, sintiendo que es una parte de la tierra. No se esfuerce para conseguirlo, deje que ocurra.*

Esto es una relajación, una especie de abandono. Difiere de *flotar* en que *fundirse* es unirse, formar una unidad con algo, algo grande y sereno, mientras que flotar se parece más a no ser nada.

Todas esas cosas –*flotar, fundirse, meditar*– producen algunas sensaciones similares: serenidad y profunda paz, plenitud de energía, eliminar por completo el cansancio. Esto, por supuesto, junto con los obvios efectos de reducción del estrés fisiológico, reaccionar con más equilibrio ante las circunstancias de la vida, etcétera. De todas formas, cada una de esas técnicas tiene diferentes resultados.

La meditación incrementa la capacidad de autocuración, de concentración, o las habilidades mentales. Es básicamente una actividad mental-energética que, lógicamente, afecta a todo el ser.

Es difícil definir la incidencia que tiene en nosotros el *fundirnos*. Cuando lo hacemos y realmente nos sumergimos en la tierra, nos sentimos mimados, alimentados y reforzados. Nos sentimos como «conectados» a algo muy grande, potente y lleno de amor. Nuestra respuesta es esencialmente emocional, con «efectos secundarios» físicos y mentales.

El efecto de *flotar* es aún más difícil de definir. Produce una reacción básicamente espiritual/emocional; una sensación de iluminación y una alegría penetrante, que flota. A veces la gente tiene la impresión de haberse quitado un peso, que no sabían que llevaban, en algún nivel profundo e inconsciente. Parece facilitar la transformación.

A algunos nos cuesta mucho relajarnos porque hay que soltarse, liberar fronteras y tener confianza, y para muchos, es lo más difícil. El estar desarraigado y descentrado origina muchos miedos e inseguridades y hay que aprender a considerarlo positivamente.

Sexta parte

Monstruos y realidad

34. Espejismos e ilusiones

Muchos mapas antiguos tenían marcados lugares con comentarios como «Aquí hay dragones» y «En este lugar habitan montruos». Los cartógrafos, como la mayoría de la gente, son suspicaces ante lo desconocido y lo pueblan con monstruos ilusorios. La mayoría de corrientes espirituales dan por supuesto que la mayoría de personas van sonámbulos por la vida, medio conscientes (o incluso menos) de lo que realmente ocurre en el mundo y en ellos; vivimos en un mundo de sueños, los cuales a veces se convierten en una pesadilla que nos arrastra al galope. Gran parte de lo que percibimos como «realidad» lo constituyen, de hecho, nuestras fantasías y proyecciones, nuestros espejismos e ilusiones.

El pensamiento psicológico moderno coincide, a grandes rasgos, con esta visión. Nuestra Llanura de las Reflexiones mentales refleja el mundo externo desde nuestra óptica –actitudes, creencias, miedos, deseos–, y todo lo que vemos en esa llanura, en mayor o menor medida, lo coloreamos y perfilamos nosotros.

Vemos monstruos imaginarios y espejismos de felicidad, y mientras los miramos dejamos de percibir las verdaderas alegrías y peligros. La realidad objetiva queda velada la mayor parte del tiempo por un punto de vista interior y subjetivo, como si estuviese envuelta en una niebla de falsas percepciones formada por nuestras reacciones emocionales a la vida. Esto explica por qué a veces se dice que la meditación lleva a un «despertar» o una «iluminación».

Con más frecuencia de la que pensamos, vivimos en un mundo que es en parte real, en parte emociones o miedos que proyectamos y en parte esperanzas. Los niños lo hacen menos, es algo que aprendemos a hacer a medida que crecemos. Los niños son muy realistas, cogen las cosas como vienen, por desagradables que sean. Cuando las cosas van mal, sufren, y cuando van mejor, «regresan al centro» y están contentos. Un niño pequeño casi nuca teme lo que pueda suceder ni está triste por algo que pasó o dejó de pasar. Viven el presente, y cuando no les duele nada ni tienen dificultades, están contentos, o incluso felices.

Los adultos, en cambio, hemos aprendido a vivir más en el futuro y en el pasado, en nuestros espejismos e ilusiones sobre lo que podía pasar, lo que debería ocurrir, y lo que pasó aunque, en nuestra opinión, no tenía que haber sucedido. Tendemos a vivir de esas cosas que tenemos en la cabeza en vez de vivir de lo que Es.

La práctica de los ejercicios de meditación ayuda a esclarecer las nieblas y disipar los espejismos y las ilusiones. Hay otras técnicas, similares a la meditación, concebidas específicamente para aumentar la claridad mental y emocional. Las llamamos ejercicios «para mantenerse con los pies en el suelo» porque nos sacan de nuestras fantasía y emociones al mundo real. En los siguientes capítulos hablaremos largo y tendido sobre lo que implica estar «conectado», «arraigado», «centrado», pero antes demos un vistazo a las actitudes que nos vuelven desarraigados y descentrados.

35. Perseguir espejismos
y caer en abismos

La conciencia tiene agujeros por los que se puede caer fuera de la realidad, hacia nuestras fantasías. Analicemos los más comunes.

Confusión de identidad

Una de las trampas más usuales se da cuando nos implicamos con algo que confundimos con nosotros. Ese «algo» puede ser un sentimiento, una creencia o un objeto.

Por ejemplo, A está tan fascinado con su nueva máquina de lavar que cuando alguien se descuida y la raya, reacciona como si le hubieran arañado a él. La Señora Atolondrada tira el jarrón que B ha heredado de la bisabuela y B pierde el control de sí misma y se enfurece. C lo pierde todo en la Bolsa y considera seriamente el suicidio. La amante de D está contrariada por algo en el trabajo, y para probar lo fiel y lo integrado en ella que se siente, D se vuelve desesperadamente preocupado. E toma como un insulto personal que alguien no esté de acuerdo con sus puntos de vista políticos.

En cada situación la persona ha proyectado su propio sentido de identidad y necesidad para la seguridad de alguien o algo. Se han centrado en ese algo, en vez de en sí mismos. Esas cosas ocurren cuando olvidamos que tenemos nuestro propio lugar en el mundo y pensamos que las cosas externas, como el dinero o los objetos, o intangibles, como los ideales, crean la felicidad y son esenciales a nuestro bienestar. Este tipo de cosas ocurren a mucha gente que se embarca en una especie de cruzada en la que creen apasionadamente. Puede perder todo sentido de la proporción y equilibrio y descentrarse.

Control y manipulación

Otro abismo frecuente se da cuando tratamos de controlar algo que no podemos controlar. Esa cosa incontrolable pueden ser los sentimientos, las creencias o las actitudes de otras personas, o pueden ser ciertas situaciones que están esencialmente fuera de control.

Nos descentramos cuando tratamos de proteger, controlar, poseer o corregir algo o alguien en nuestro entorno sobre el que no tenemos control. A veces nos equivocamos pensando que podemos *hacer* a otros felices, que podemos *hacer* que quieran dejar de beber, que podemos corregir sus «malos» hábitos o actitudes. Nos podemos creer capaces de controlar su comportamiento y que no tienen elección sobre su respuesta y nuestras manipulaciones. Eso es una ilusión a la que nos aferramos para protegernos de la terrible y aterradora verdad de que no controlamos el mundo.

Nos descentramos al pretender que tenemos ese control, si es que encontramos los botones que debemos pulsar. Nos descentramos al implicarnos tanto con los demás que nos centramos en ellos en vez de en nosotros. Con esa ilusión de paso nos protegemos de la terrible certeza de que, aunque no controlamos el mundo, sí controlamos y somos responsables de nosotros.

Actuamos bajo una falacia, cuya lógica es, más o menos, ésta:

Supuesto 1: te puedo controlar, porque soy más fuerte/inteligente que tú.

Supuesto 2: las personas que son más fuertes/inteligentes que yo me pueden controlar.

Conclusión: soy responsable de tu conducta y sentimientos, y otros son responsables de los míos.

El principal fallo de esta lógica es que ninguno de los dos supuestos es cierto. Hay un viejo refrán que dice: «Puedes llevar un caballo al agua, pero no lo puedes obligar a beber». Podemos empujar a los demás, pero la respuesta está en sus manos. Si no somos conscientes de eso y no lo aceptamos, nos sumimos en la confusión, y muchas veces pensamos que somos víctimas de un maleficio.

Básicamente lo que ocurre es que no nos responsabilizamos de nosotros, de nuestros pensamientos, actitudes o actos. Podemos tener en la cabeza planes adoptados de otros, quienes tal vez hayan hecho todo lo que estaba en sus manos, presionándonos, para que aceptemos esos programas. Sin embargo, somos nosotros quienes tomamos finalmente la decisión. Por mucho que nos insistan con una idea, por muy arraigado que sea un hábito, la decisión depende de nosotros. Ejercitar esa decisión de una nueva manera puede ser extremadamente difícil, quizá debamos intentarlo una y otra vez, y necesitemos que los demás nos ayuden a romper los viejos esquemas. Pero la decisión es siempre nuestra.

Cuando tratamos de perfeccionar y controlar nuestro entorno en vez de nosotros mismos, nos evadimos del hecho de que lo único sobre lo que tenemos autoridad y responsabilidad absoluta es sobre nosotros.

Buscando la aprobación

Otra causa para descentrarse es el deseo de ganar la aprobación –y con ello, esperamos, el amor– de los demás.

Es otra forma de pretender controlar a los demás. Podemos pensar que si hacemos todo lo que desean los demás, *tienen* que aprobarnos, querernos y preocuparse por nuestras necesidades. Para eso, nos centramos en sus deseos y no en los nuestros, y elegimos lo que creemos que ellos quieren.

Esa pauta de conducta acarrea ciertos problemas. Puede ser que no hagamos lo que en realidad quieren los demás, a quienes, en ese caso, pueden molestarles nuestros esfuerzos y atenciones.

133

O quizá, si hacemos lo que desean, sientan desprecio hacia nosotros por tener tan poco amor propio. O también puede ser que hagamos lo que quieren y que ellos apenas lo perciban y no den importancia a nuestros esfuerzos. O, aún peor, puede ser que hagamos lo que esperan y ellos nos quieran por estar de acuerdo con lo que hacemos. Entonces, para no perder ese «amor», seguiremos haciendo siempre lo que quieran, sin pensar en lo que queremos nosotros.

Respecto al amor, san Pablo escribió:

El amor es paciente y bueno; no es celoso ni pretencioso; no es arrogante ni brusco. El amor no insiste en su método; no es irritable ni resentido; no se alegra con la equivocación y celebra el acierto. El amor lo soporta todo, lo cree todo, lo espera todo, perdura sobre todo.*

No utilizó la expresión «amor incondicional», que ahora está tan de moda, pero es evidente que decía exactamente eso.

El principal problema sobre el amor-por-aprobación es que, para gustar a los demás, suprimimos e ignoramos nuestros propios sentimientos y deseos. Eso nos puede perjudicar la salud. La energía emotiva tiene que manifestarse. Aunque ignoramos y reprimimos nuestros sentimientos, siguen en nosotros como energía. Si son fuertes o se reproducen a menudo, pueden adoptar una vida destructiva, induciéndonos a sabotearnos con conductas que no producen la reacción deseada u originándonos enfermedades en el cuerpo, o ambas cosas. Hoy en día no se discute que el estrés generado por este tipo de conducta y las emociones que comporta constituyen un factor que favorece el cáncer u otras enfermedades.**

---

* Corintios, 13: 4-7

** Véase «Intangibles in Medicine», de Norman Cousins, en *Journal of the American Medical Association*, 260, n.º 11, pp. 1610-1612. Y también *Maximum Immunity*, op. cit., y *Loving Medicine*, de Rosy Thomson, especialmente el capítulo 9: «The Mind and Cancer: Causation and Therapy», de Michael Wetzler.

Sensibilidad

Otro problema que hace perder el equilibrio es estar pendiente de los demás y no centrarnos en nosotros.

Esto está relacionado con lo que se comentó anteriormente, aunque no es exactamente lo mismo. En este caso se trata de un tipo de sensibilidad que se llama «empatía», que es positiva si se reconoce y se canaliza adecuadamente. Es una valiosa característica de la relación humana, esencialmente para alguien cuyo trabajo requiera comprender a los demás. Si la empatía fuese una cualidad más común, mejorarían radicalmente las estructuras sociales y políticas. Pero no hay que olvidar que la empatía es una arma de dos filos.

Algunas personas son empáticas desde su primera infancia. Para protegerse de la contrariedad de los demás, crecen aprendiendo a agradar primero a los demás y por último a sí mismos. Esto lo hacen por varias razones. En primer lugar, si tenemos esa empatía, nos duele cuando nos hieren, y haremos lo que sea para ahuyentar el dolor. En segundo lugar, podemos pensar que si hacemos felices a los demás, serán buenos con nosotros y nos harán felices o, por lo menos, nos harán menos daño.

Este tipo de cosas son como los supuestos de antes, en que relegamos en los demás el control de nuestras emociones. Desafortunadamente (o afortunadamente), no siempre que se da a los demás lo que creen que quieren se les hace felices. Es más, suelen pensar que entonces necesitan Algo Más o Algo Diferente para ser felices, de manera que seguimos probando, con la esperanza de que al hacerles felices las cosas nos irán bien.

Cuando nuestros sentimientos se confunden con los de los que nos rodean, podemos equivocarnos sobre lo que nos pasa y lo que pasa a los demás. Nos podemos volver susceptibles a la angustia y confusión interior de los demás, de modo que su emoción nos descentra como si fuese nuestra. A medida que nos volvemos más sensibles a nuestro yo interior, también nos volvemos más sensibles para con nuestro entorno y con las energías de los demás. Se acrecienta nuestra capacidad para sentir empatía, para compartir los sentimientos de los demás, y puesto que tanto la conciencia como la sensibilidad son útiles, mejor funcionan cuanto más se utilizan, como cualquier herramienta. Cuando estamos en manos de la sensibilidad en vez de ser al revés, estamos descentrados.

Negación

Otra forma común de salir de la realidad cayendo en un abismo que nos creamos se da cuando tratamos de convencernos de que una cosa es cierta cuando es falsa, o viceversa.

Tendemos a descentrarnos cuando la vida nos parece difícil y dolorosa, o cuando un universo de amor nos presenta una extraordinaria oportunidad de crecimiento. Lo primero que muchos hacemos en semejantes circunstancias es acurrucarnos, como un ovillo, sobre el plexo solar y decir cosas como «Sé que no querías decir eso», o «Debe de ser una equivocación», o «Seguro que estás equivocado» o «Eso no puede ser verdad». Nos evadimos y tratamos de vivir en nuestras fantasías y no en el mundo real.

Emociones furtivas

También podemos perder el contacto con la realidad cuando cesamos de pensar y dejamos que las emociones campen por sus respetos.

Nos podemos descentrar si asumimos que, puesto que sentimos una emoción, esa emoción es nuestra única respuesta posible. Nos posee, en vez de poseerla nosotros, y desde esa emoción momentánea reaccionamos ciegamente, en vez de hacerlo desde el verdadero centro de nuestro ser. Si nos enfadamos o atemorizamos, tendemos a implicarnos tanto con la rabia o el miedo que nos centramos en las emociones en vez de hacerlo en nosotros. Lo mismo ocurre con lo que nos fascina o nos preocupa excesivamente. Siempre que pasamos por un importante estado emocional tendemos a descentrarnos.

Si hemos experimentado cualquiera de esas situaciones y respuestas arriba indicadas un considerable periodo de tiempo, es fácil que nos hayamos formado el hábito de permanecer descentrados, olvidando la sensación que daba estar realmente centrados en nosotros. Vivimos en la irrealidad de una pompa de jabón.

Habrá quien se pregunte por qué ser realistas si la fantasía es más divertida.

Por desgracia, la fantasía sólo es más divertida *temporalmente*. Podemos flotar felizmente en nuestra pompa de jabón, pero tarde o temprano toparemos con una de las contundentes esquinas de la realidad. Puede ser que, si estamos extremadamente descentrados, casi en estado de psicosis, hagamos como si no pasara nada. Sin embargo, para casi todo el mundo, la explosión de esa pompa es una experiencia dolorosa cuya intensidad está directamente relacionada con lo lejos que está de la tierra cuando revienta.

Cuando no estamos asentados en la tierra perdemos poder. A los demás les resulta relativamente fácil presionarnos y manipularnos. No suele gustarnos caer en la cuenta de que hacemos lo que quieren y no lo que queremos. Los maldecimos y les acusamos de pretender presionarnos y controlarnos (puede ser que sea cierto), pero el verdadero fallo está en nosotros. Nosotros hemos dicho «sí» cuando queríamos decir «no».

Es frustrante volverse descentrados y perder el contacto con la tierra, porque cuando salimos flotando es cuando más necesitamos permanecer en nuestro sitio, centrados, asentados, objetivos, reales. Sólo entonces podemos ver con claridad y tomar las decisiones pertinentes.

36. Ver claro

Así pues, veamos qué podemos hacer para volvernos más centrados, para despejar la niebla y disipar los espejismos de nuestra Llanura de las Reflexiones. Alguna vez habrá oído decir que para controlarse va bien respirar profundamente. Probémoslo y veamos qué ocurre.

Primero, piense cómo se siente ahora. ¿Cómo se siente física, emocional y mentalmente? No trate de cambiar nada, simplemente fíjese en las tensiones u otras sensaciones que tenga.

Luego, para ver cómo respira, póngase una mano sobre el pecho y la otra sobre el abdomen. Fíjese hacia donde fluye la respiración. ¿Qué mano se mueve más cuando respiras? ¿Hay alguna que no se mueva nada?

Respire de modo que el pecho y la mano que tiene encima apenas se muevan y que casi todo el movimiento de la respiración se transmita a la mano que tiene sobre el abdomen.

Respire por lo menos diez veces así. Respire poco a poco, para no airearse excesivamente ni marearse.

Después, prosiga con la misma pauta de respiración e imagínese que sus energías desagradables –cansancio, tensión, nerviosismo, distracción, etcétera–, fluyen por el cuerpo, por las piernas y los pies, hasta la tierra. Imagine que fluyen hacia abajo cada vez que espira. Fíjese en la respiración y en el abdomen.

Tras pasar unos minutos así, concéntrese de nuevo en la respiración y en los movimientos de las manos, permita que el abdomen se mueva, y mantenga el pecho

relativamente quieto. Hágalo durante quince respira-
ciones.
Cuando termine, fíjese en las sensaciones que experi-
mente en ese momento.

Reflexione sobre lo que sentía antes y después de hacer el ejercicio de respiración; tal vez ahora note algo que no había notado antes, que es un poco más consciente; fíjese si ha cambiado algo en la forma en que percibe su cuerpo o sus emociones.

Este simple ejercicio de respiración ayuda a disipar tensiones o sentimientos que no son apropiados en ese momento. No necesitamos determinarlos conscientemente, eso ya lo hace la mente inconsciente, basta con darnos permiso para dejarlos ir.

Si tiene problemas con este simple ejercicio, le recomiendo encarecidamente que practique los ejercicios para centrarse y estar más asentado de los próximos capítulos, hasta que se forme una idea aproximada de lo que significa estar así.

Preguntémonos qué significa estar despierto y consciente, en vez de caminar sonámbulo por la vida. Si una persona se vuelve más serena y centrada, ello repercutirá positivamente en toda su vida. Por el solo hecho de ser una persona centrada eliminará problemas que ahora le parecen importantes, le preocupan y le absorben energía. En no pocas ocasiones nuestros problemas son simplemente el resultado de no ver con claridad, o de no percibir que hay cosas que están fuera de nuestro control, o que no son responsabilidad nuestra. También puede despejar su camino de esos problemas irreales para trabajar en las cosas reales que precisan su atención para progresar.

Los siguientes capítulos tratarán sobre distintos aspectos de lo que significa estar centrado y asentado, y sugieren diferentes ejercicios. Aunque se considere una persona firmemente conectada con la tierra y cerca de su verdadero yo, le recomiendo que los practique. Todos tenemos momentos de desarraigo, y cuando se está bajo la presión de una situación de estrés, esos ejercicios sólo son efectivos si se han practicado previamente. Con ellos aprendemos a ser más conscientes en cada momento de hasta qué punto estamos asentados. Debemos acostumbrarnos a revisar nuestro sentido-de-nosotros sobre lo centrados y conectados que estamos, especialmente cuando tenemos estrés.

Séptima parte

No vacilar

37. Mantenerse en forma para el viaje

Hoy en día se presta una merecida atención a la forma física, aunque no todo el mundo es consciente del alcance de su efecto sobre nuestras incursiones en la Llanura de las Reflexiones y el Mar de los Cambios, por no mencionar los intentos de ascender la montaña. Si estamos asentados y centrados en el cuerpo físico obtendremos mayor provecho de la práctica de la meditación.

Es obvio que nos resultará más fácil la plena concentración en el ejercicio de meditación si no estamos extenuados, no desfallecemos de hambre, ni estamos insoportablemente incómodos. También es obvio que una buena condición física influye positivamente en todo lo que hagamos. Un buen tono muscular favorece el buen tono mental. Un cuerpo con escasa energía comporta un estado mental de depresión. Y la postura es mucho más importante de lo que generalmente se piensa.

Para meditar es esencial sentarse en posición erguida, aunque al mismo tiempo hay que estar relajado. Debemos sentarnos como una montaña, o como un viejo roble recio, despierto, alerta, relajado y completamente sólido. Hay pocas personas a las que sus condiciones físicas les impiden sentarse correctamente. Si usted es de esas personas, no se desanime, porque la meditación le puede beneficiar en muchos aspectos. Los demás podemos utilizar esa postura como una poderosa ayuda de nuestra práctica. Aparte del hecho de que todo el cuerpo, incluso el cerebro, está concebido para trabajar mejor en una postura erguida, equilibrada y relajada, hay varias razones por las que la práctica de la meditación se beneficia especialmente de una buena postura.

Mensajes del inconsciente

Una de las razones por las que conviene sentarse adecuadamente durante la práctica es porque el cuerpo y la mente se afectan recíprocamente. Si el cuerpo está quieto y centrado es más fácil que la mente alcance un estado similar. Un cuerpo que está desequilibrado, descentrado o incómodo, pide constantemente a la mente que «haga algo al respecto», incita a la ansiedad y dificulta la concentración.

Por ejemplo, si una persona se sentase con los hombros levantados y hacia adelante, y la cabeza caída, el cuerpo se sentiría como si se ocultase de algo, tratando de no ser visto. Entonces, inconscientemente, la mente buscaría amenazas y peligros de los que evadirse, y cuando buscamos algo que temer, siempre nos apañamos para encontrarlo. La consecuencia es que creemos que lo-que-sea-que-encontramos es lo que nos asusta, sin darnos cuenta de que somos nosotros los que nos asustamos. En cambio, un cuerpo centrado y equilibrado siente y proyecta tranquilidad y bienestar.

El lenguaje corporal dice todo tipo de cosas sobre nosotros: que estamos enfadados, agotados o desequilibrados, que somos incapaces de soportarnos, o bien que estamos preparados, centrados y equilibrados. Nuestra postura habitual emite mensajes a los demás y a nosotros mismos sobre nuestra personalidad y actitud ante la vida. Colóquese frente a un espejo en su postura usual, obsérvese con los ojos de un extraño que se pregunta qué clase de persona ve. Reflexione sobre los mensajes que emite su cuerpo, tanto a usted mismo como a los demás; puede ser que quiera cambiarlos.

El mensaje que el cuerpo debe dar a la mente que medita es que está centrado y asentado, relajado, atento y tranquilo; esas actitudes son asimismo muy útiles en la vida cotidiana.

Comodidad y circulación

Otra razón para sentarse cómodamente recto es que la incomodidad física interfiere en la meditación. Es mucho más cansado e incómodo habituarse a las malas posturas que a las buenas;

un cuerpo con una posición desequilibrada enseguida se cansa y acusa dolor. Algunos músculos se estiran y se dislocan, otros tienen calambres y se endurecen, y se dificulta la circulación, haciendo que las toxinas se acumulen en algunas zonas del cuerpo, que a su vez pierden oxígeno y componentes nutritivos. La mala postura impide que surtan efecto gran parte de las ventajas físicas de la meditación. Un cuerpo con calambres e incómodo, con insuficiencia de oxígeno y nutrición, y lleno de toxinas, difícilmente experimentará bienestar.

Muchas personas tienen habitualmente tan mala postura que no se pueden sentar erguidas y sentirse cómodas. Cuando empecé a meditar, nadie me dijo lo importante que era la postura y practicaba apoyada en el respaldo de una cómoda silla. Años más tarde me uní a un grupo que practicaba zazen, una meditación, que se realice sentado, que concede gran relevancia a la postura. Estuve a punto de dejarlo porque me dolía horrores estar una hora sentada con la espalda recta, sin respaldo; no lo aguantaba más de diez minutos. Pronto me di cuenta de que lo que mis primeros maestros consideraban buena postura era, de hecho, una espalda rígida y sin equilibro, que duele mucho cuando tiene que sostenerse quieta, por sí sola, un rato.

Cambiar una postura puede ser, al principio, muy incómodo, no sólo física sino también emocionalmente. Una nueva postura requiere que nos consideremos de un modo diferente y estemos dispuestos a modificar la función de los músculos. Pero mejorar la postura comporta tantas compensaciones que vale la pena el esfuerzo y la incomodidad transitoria que pueda acarrear.

A veces confundimos sentarse o estar de pie «rectos» con una actitud seudomilitar: pecho fuera, hombros hacia atrás, estómago metido, tensión entre los omóplatos, en los hombros, en los brazos caídos y en las manos, tensión en la garganta y el cuello, en el abdomen, en las nalgas y en toda la pierna hasta los agarrotados dedos de los pies. Hay una gran diferencia entre eso y una postura buena y equilibrada.

Una postura correcta requiere poco esfuerzo. Cada parte del cuerpo sostiene la superior con una actividad muscular mínima. Cuando la postura es buena, nos sentimos bien asentados, nuestro centro de gravedad se sostiene firmemente sobre los pies, y nos sentimos estables y, sin embargo, flexibles, tanto emocional como físicamente. Debemos ser conscientes de lo que hace el cuerpo y los sentimientos, por lo que necesitamos comprender lo que realmente significa estar o no asentado.

Muchas veces estamos tan desequilibrados que no comprendemos que el problema está en nosotros y no en los demás, ni en cosa alguna. No es que la tierra vacile, es que nosotros nos tambaleamos. Hay varios síntomas que denotan la posibilidad de que no estemos bien conectados al cuerpo:

A menudo tropezamos y se nos caen cosas. Lo peor es tropezar con cosas que no hay.

Nos descubrimos contusiones que no sabemos cómo nos las hemos hecho.

Nos sorprendemos cuando caemos gravemente enfermos porque no hemos notado las señales de aviso preliminares.

Nos sentimos constantemente cansados, sin comprender por qué, y no hacemos nada para corregirlo.

No comemos, ni hacemos ejercicio, ni descansamos adecuadamente.

Nuestra casa, oficina, habitación, y/o estudio está desordenado.

Nos perdemos y/o perdemos cosas.

Somos gafes y/o torpes.

Generalmente comemos, trabajamos, jugamos, conducimos y hacemos otras cosas con excesiva prisa.

Si reconoce como propia alguna de estas características le pueden ir muy bien los siguientes ejercicios para asentarse físicamente. Si algunos de ellos modifica la manera en que percibe o siente el mundo, entonces sabrá que ha estado relativamente alejado de la alineación y aferrado con cierta inseguridad a su cuerpo y a la tierra.

La clave para incrementar la sensación de seguridad sobre nuestra presencia física en el mundo es estar físicamente centrado y arraigado. Veamos cómo se puede mejorar la postura para ayudarnos a conseguir eso.

38. Sentarse como una montaña, mantenerse como un pino

A veces la postura es tan desequilibrada que el problema es obvio, pero lo más usual es que el desequilibrio sea más sutil. Los siguientes ejercicios le ayudarán a ser más consciente de la importancia del estrés y las tensiones sutiles de su postura. Con un poco de suerte, también le ayudarán a encontrar una postura más equilibrada en el mundo.

Mantenerse como un pino

1. Póngase de pie, con los pies apartados, a la misma distancia que guardan entre sí los hombros, y el cuerpo equitativamente apoyado en ambos pies.

Flexione ligeramente las rodillas.

Concéntrese en la planta de los pies. Fíjese donde cae el peso, si lo siente en los dedos o en los talones.

Balancéese ligera y suavemente hacia atrás y hacia adelante hasta que sienta que el peso está equilibrado sobre el centro de los arcos de los pies. Quédese quieto.

¿Suele estar así cuando está de pie?

Fíjese en las tensiones de los músculos de las piernas. Trate de relajarlas todo lo que pueda en esa postura. ¿Puede colocar las piernas de manera que las pueda relajar aún más y quede más centrado sobre los arcos?

Trate de dar unos pasos y recuperar ese equilibrio. Hágalo varias veces, hasta que lo encuentre rápida y fácilmente.

2. Póngase de pie, con los pies un poco separados, las rodillas ligeramente flexionadas, equitativamente apoyado en ambos pies, y busque un punto de equilibro centrado, como en el ejercicio anterior.

Céntrese en las plantas de los pies y fíjese si el peso está en la parte interior o exterior del pie.

Balancee primero el pie derecho, y luego el izquierdo, de lado a lado en el suelo, hasta que sienta dónde está el centro entre los lados de cada pie.

Balancéese suavemente de lado a lado hasta que tenga el peso sobre el centro del arco en ambos lados.

Una vez más, fíjese en las tensiones de los músculos de las piernas y relájelos todo lo que pueda en esa posición. ¿Puede balancear el peso de manera que pueda relajar más las piernas y centrarse más sobre los arcos?

Camine y vuelva a buscar el equilibrio, hacia delante y hacia atrás, de lado a lado, hasta que pueda encontrarlo rápidamente y con facilidad.

3. Póngase de pie, con los pies apartados y las rodillas ligeramente flexionadas, y balancéese equilibradamente sobre ambos pies, apoyándose sobre los arcos.

Concéntrese en los músculos del abdomen y de la parte inferior de la espalda.

Con los pies y las piernas en la misma posición, descanse el peso sobre los arcos, incline la pelvis hacia atrás y hacia adelante hasta que encuentre el equilibrio con la mínima tensión en los músculos abdominales y de la espalda.

Deje ir los músculos de la espalda y del abdomen. En esa posición trate de relajar aún más los músculos.

Procure seguir equilibrado sobre los arcos, para ello puede ser que deba corregir algo.

Repita el mismo proceso con la caja torácica, fijándose en los músculos de la parte superior del abdomen y de la parte intermedia de la espalda. Cuando esté en la posición correcta el pecho se le abrirá como una flor y le sentará muy bien respirar profundamente.

Deje los hombros sueltos.

Procure seguir bien equilibrado sobre los arcos, puede ser que tenga que modificar algo su postura.

Repita el mismo proceso con la cabeza, pensando en los músculos del cuello, de la garganta y de en medio de los omóplatos. Mantenga la garganta abierta.

Fíjese si sigue bien equilibrado sobre los arcos.

Camine y vuelva a buscar la posición más centrada y equilibrada que pueda, hasta que lo haga fácilmente.

4. Póngase de pie, con los pies separados, las rodillas ligeramente flexionadas, manteniendo el equilibrio sobre ambos pies, y busque un equilibro centrado, como en el ejercicio anterior.

Imagínese que tiene el sol encima, y que su luz le levanta y se enfoca hacia el centro del cuerpo, manteniéndolo alineado y equilibrado.

Figúrese que la tierra le sostiene los pies y que siente ese soporte por todo el cuerpo, sosteniendo cada hueso, cada músculo, cada célula. Deje volar su imaginación, pensando que le sostienen y le alzan.

Piense que entre usted y la tierra hay raíces, aunque no esté claro si son las raíces de la tierra en usted, o sus raíces en la tierra. Es igual, lo importante es que usted está conectado con la tierra y la fortaleza fluye de la tierra hacia usted.

Es como un pino alto y derecho, profundamente arraigado, sostenido por la tierra, y que recibe energía del sol.

5. Manténgase como un pino. Camine y muévase como un pino a merced del viento.

Ahora trataremos de hacer algo similar sentados.

Sentados como una montaña

1. Siéntese en una silla dura o, por lo menos, muy firme. Si está más cómodo en el suelo, siéntese con los pies cruzados y, si lo prefiere, sobre un cojín, de modo que las piernas y la espalda estén más cómodas. En la silla siéntese hacia adelante, para que la espalda quede a unos centímetros del respaldo, porque necesitará espacio para inclinarse hacia atrás y hacia adelante. Los pies deben estar cómodamente planos sobre el suelo, sin que el borde de la silla corte la circulación de la parte de atrás de las piernas; si la silla es demasiado alta, ponga un cojín o unos libros debajo de los pies para estar con las piernas más cómodas.

Fíjese en la sensación de los huesos de la pelvis en el asiento de la silla. Inclínese ligeramente hacia adelante y hacia atrás varias veces para sentirlo.

Fíjese en los músculos del abdomen y balancéese ligeramente hacia adelante y hacia atrás. Fíjese que a medida que se mueve hacia atrás más allá del punto medio, los músculos abdominales se tensan, así como los de los muslos.

Luego, preste atención a los músculos de la parte inferior y media de la espalda mientras se mece hacia atrás y adelante, lenta y suavemente. Fíjese cómo se tensan cuando se inclina hacia adelante más allá del punto de equilibrio central.

Busque el punto de equilibrio central, de manera que ni los músculos abdominales ni los de la espalda tengan la más mínima tensión, y tenga el peso equilibrado sobre los huesos pélvicos, ejerciendo ahí una presión sobre la silla.

Imagínese que la pelvis es la base de una montaña, que descansa sobre la tierra.

Levántese de la silla y camine un poco, regrese a la silla y vuelva a hacerlo. Hágalo varias veces, hasta que sienta que está en equilibrio y que puede recuperarlo fácilmente.

2. *Vuelva a descansar la pelvis sobre la silla, como una montaña reposa sobre la tierra, equilibrada sobre el punto de contacto entre la silla y los huesos pélvicos, percibiendo los músculos del abdomen y de la espalda relajados.*

Fíjese en las sensaciones del abdomen y el pecho. ¿Los siente contraídos o sueltos? ¿Tiene el cuerpo colapsado alrededor del plexo solar? ¿Necesita mover la parte superior del cuerpo para respirar profundamente hasta el abdomen?

Busque una posición en la que la caja torácica transmita al abdomen y al pecho una sensación de apertura que le permita realizar una respiración profunda que le llegue a los pies.

Compruebe que mantiene el equilibrio sobre los huesos pélvicos. Quizá deba hacer un ligero ajuste para cambiar la posición de la parte superior del cuerpo.

Respire profundamente varias veces, con todo el cuerpo, pensando que la respiración fluye libremente hasta los dedos de los pies y vuelve a dar la vuelta.

Imagínese que está sentado como una montaña, elevándose hacia el cielo, sólidamente asentado en la tierra.

Levántese de la silla y camine un poco, luego regrese y vuelva a hacerlo. Repítalo varias veces, hasta que sienta que está en equilibrio y pueda recuperarlo fácilmente.

3. *Siéntese otra vez, como una montaña, equilibrado sobre el punto de contacto entre la silla y los huesos pélvicos, percibiendo los músculos relajados del abdomen y la espalda. Abra el pecho y el abdomen, para que la caja torácica se equilibre sin esfuerzo sobre la espina dorsal. La montaña se alza hacia el cielo sin esfuerzo.*

Fíjese en los hombros. ¿Dónde están?, ¿qué hacen tan arriba?

Dígale a los hombros que lo único que tienen que hacer es sostener la ropa. Si sostienen algo más, pídales que lo dejen.

Compruebe si mantiene el equilibrio sobre los huesos pélvicos y en caso de no ser así, corrija la postura.

151

Mueva la cabeza de lado a lado, de delante hacia atrás. Busque una posición en la que la cabeza esté más centrada y déjela flotar, como una nube sobre el cuerpo. Preste atención a los músculos del cuello y de la garganta. Si hay tensión ahí, libérela.

Compruebe que mantiene el equilibrio sobre los huesos pélvicos, y de no ser así, corrija la postura.

Imagínese que es una montaña, que descansa sobre la tierra, y se eleva hacia el cielo. Deje flotar la cabeza como una nube. Respire profundamente, hasta las raíces de la montaña.

Levántese de la silla y camine un poco, luego regrese y vuelva a intentarlo. Hágalo varias veces, hasta que sienta que mantiene el equilibrio correcto y pueda recuperarlo fácilmente.

4. Siéntese como una montaña, que descansa sobre la tierra, y se eleva hacia el cielo. Deje que la cabeza flote como una nube.

Fíjese en la garganta. ¿Está suelta o contraída? Cante una nota fuerte. ¿Puede mantener la cabeza y el cuello de modo que la nota sea más alta y libre?

Deje la mandíbula suelta.

Respire profundamente hasta la pelvis, y cante otra nota alta, dejando que se alce desde la pelvis, sin obstrucción, a través del pecho y de la garganta distendidos. Cante la nota desde las raíces de la montaña.

Siéntese como una montaña.

Respire.

Puede utilizar esta técnica para guardar el equilibrio sentado en una silla, en el suelo, o sobre un cojín bajo, pero lo más conveniente es que primero lo practique en una silla.

Además de las razones mencionadas para mantener una buena postura en meditación, cuando meditamos se dan fenómenos, como la respiración rítmica o la disminución de los latidos del corazón, que desencadenan procesos fisiológicos que implican al cerebro, la espina dorsal y el sistema nervioso. Itzhak Bentov, un diseñador y constructor de material médico para hospitales y centros de investigación, estudió algunos cambios fisiológicos que ocurren durante la meditación.

Con su investigación sacó la conclusión de que practicar la meditación durante un periodo de tiempo produce cambios físicos, incluyendo una modificación en el funcionamiento del sistema nervioso. Por decirlo sin demasiados tecnicismos, parece ser que cuando se medita profundamente el cuerpo genera un micromovimiento rítmico que afecta al cerebro y al sistema nervioso. Ese movimiento se inicia en el pecho con un modelo de onda estacionaria generada por la aorta. La onda estacionaria repercute en el abdomen y la pelvis y, desde el cerebro, en el cráneo mediante un proceso llamado «entretenimiento rítmico». Cuando se establece ese movimiento, el estado de meditación se estabiliza y profundiza, aumentando sus efectos en el sistema nervioso cerebro-espinal. Bentov escribe:

Cuando se forma un feto en la matriz, pasa por cambios que reflejan la evolución humana desde el pez, pasando por el anfibio, hasta el mamífero. Los estudios que hemos realizado sugieren que, por la forma en que funciona el sistema nervioso, esa evolución no ha llegado a su fin. El potencial oculto del sistema nervioso puede ser muy vasto. El mecanismo al que nos hemos referido denota que es posible que se dé otro paso en la evolución del sistema nervioso, que se puede acelerar mediante ciertas técnicas.*

Las técnicas a las que se refiere Bentov son ejercicios de meditación. Algunos consideran que el proceso fisiológico que describe es necesario para relajarse muy profundamente en la meditación, estado que favorece la curación del cuerpo, la psique y el espíritu y experimentar el éxtasis de la mística. Esos procesos son más efectivos cuando la columna vertebral está erguida; no

* Véase «Micromotion of the Body as a Factor in the Development of the Nervous System», de I. Bentov, en *Kundalini: Evolution and Enlightenment*, pp. 316-339.

153

sé si se dan con posturas encogidas o inadecuadas, que son, sin lugar a dudas, deficientes.

Buscar ayuda

Si tiene costumbres profundamente arraigadas, le puede ir muy bien el *Hatha Yoga*, es decir, la práctica de estiramientos y posturas, sobre todo el estiramiento, el fortalecimiento y el enderezamiento de los músculos que sostienen la espina dorsal. También son eficaces algunas terapias de posturas, como la Técnica Alexander, Feldenkrais o Callanetics, sobre todo si le resulta difícil hacer sólo los ejercicios descritos.

Si está tan desconectado del cuerpo que se siente incapaz de hacer los ejercicios explicados, busque ayuda profesional.

Tenderse en el suelo

Hemos expuesto las razones para sentarse en una correcta postura cuando se practica, pero a veces es sencillamente imposible, bien porque nos hemos hecho daño, estamos enfermos o guardamos cama por alguna razón, pero aún en esos casos podemos practicar la meditación. Es un poco más difícil porque todos tenemos un programa en la mente que dice: posición horizontal + ojos cerrados + relajación = dormir. La mayoría lo hemos hecho años y años, y es un hábito profundamente arraigado. Se supone que cuando practicamos la meditación estamos algo más que meramente despiertos, estamos incluso atentos e intentamos concentrarnos. No es suficiente «no estar del todo dormido». Este tipo de atención es realmente difícil de mantener cuando estamos acostados, y requiere un esfuerzo especial.

Lo importante para meditar acostado, aparte de estar despierto, es mantener la columna vertebral del modo más parecido posible a la postura que adopta cuando está erecta, incluidas las curvas naturales. Por supuesto, esto se debe hacer dentro de los límites de la comodidad, adaptándose a cada problema físico. Si el enfermo puede tenderse de espaldas le resultará más fácil mantener la espina dorsal razonablemente alineada. Si siente incomodidad en la parte inferior de la espalda cuando está tendido plano, a veces va bien colocar un grueso cojín debajo de las rodillas.

Si una persona no está lesionada ni debe guardar cama, siempre que sea posible debe meditar sentado en buena postura. Además de las razones expuestas, no es bueno programarnos para que sólo lo podamos practicar acostado, o en completo silencio, o en ciertos entornos, creándonos innecesarias limitaciones. Es mucho más práctico acostumbrarse a meditar en diferentes sitios y circunstancias. Si yo no pudiese meditar en los aeropuertos, los aviones y los trenes, la vida sería mucho más estresante.

Movimiento de meditación

Esto no es una formula sustitutoria para no meditar sentado, sino algunas ideas que se pueden aplicar a la vida diaria para favorecer un estado mental de meditación, claro y tranquilo, en todas nuestras actividades. Es un aspecto de lo que los budistas llaman «plena atención», es decir, estar despierto y atento todo el tiempo, prestar atención a lo que haces sin tener la mente en un sitio y el cuerpo en otro. Hay un poema zen que dice:

Cuando camines,
limítate a caminar.
Cuando te sientes,
límitate a estar sentado.
Sobre todo, no vaciles.

Muchas tareas rutinarias las podemos realizar en un estado mental de meditación, y, en cambio, tendemos a hacerlas con la mente a millas de distancia, ocupada en embrollos mentales y otras cosas que no vienen al caso. La próxima vez que friegue los platos, limpie el coche, barra el suelo, se cepille los dientes o arregle el jardín, déjese llevar por sus movimientos rítmicos y quédese en un estado mental de meditación. Fregará los platos igual o más rápido, y se cansarás menos cuando se fije en lo bonitas que son las pompas de jabón y disfrute con el tacto de las manos en el agua, presente, física y mentalmente en lo que está haciendo, y meciéndose al ritmo del momento. Deje que la mente siga el ritmo de la tarea.

La clave de esto es que cada uno encuentre su ritmo natural, su paso apropiado. Si ese paso está realmente conectado con un estado mental de meditación, no será apresurado, ni brusco, ni desigual. Fluirá naturalmente de un movimiento a otro. Una vez que encontremos y mantengamos ese paso durante un tiempo, nos sorprenderá constatar todo lo que hacemos y lo poco que nos cansamos. De hecho, si trabajamos mucho rato, aunque el cuerpo está agradablemente cansado, da la impresión de que la mente se siente descansada, atenta y clara.

Mover el cuerpo, bailando con un movimiento simple y repetitivo una música suave, también sirve para calmar y concentrar la mente. Algunos ejercicios, como el tai chi y el yoga, se practican específicamente en un estado de meditación calmado.

La próxima vez que vaya a pasear, preste atención a las plantas de los pies cuando camine, a la sensación que sienta cuando le roza el aire, a lo que hay a su alrededor. Céntrese por completo en el momento. Aunque es algo que los niños hacen casi siempre, a nosotros nos puede resultar más difícil de lo que parece. El siguiente ejercicio le puede ayudar a conseguirlo.

Ejercicio para «meditar mientras se camina»

Es una técnica bastante difícil que suelen seguir las personas con cierta experiencia. Pero, sea cual sea su nivel, quizá el lector se anime a practicarla.

Durante los cinco primeros minutos, concéntrese para ser totalmente consciente del movimiento del cuerpo, de la situación de los pies en el suelo, del movimiento de las piernas, del torso, de los hombros y de los brazos, de la

postura del cuello y de la cabeza. Camine con paso pru-
dente y lento, aunque sin vacilar.

Manteniendo esa atención, pase los cinco minutos si-
guientes fijándose detenidamente en todo lo que vea por
debajo del nivel de las rodillas. No piense en ello ni en lo
que significa. No se ponga a filosofar; únicamente fíjese
en lo que hay, perciba su presencia.

Los siguientes cinco minutos, mantenga la conciencia,
fíjándose en todo lo que hay entre el nivel de las rodillas y
el de los hombros. Y los siguientes cinco minutos, mante-
niéndose atento, fíjese en todo lo que hay por encima del
nivel de los hombros.

Los últimos cinco minutos, vuelva a concentrarse en el
cuerpo y en los movimientos.

Todas esas cosas nos dan una práctica para vivir y desenvol-
vernos en la vida modificando nuestro usual estado tenso y ansioso por un estado calmado, relajado y centrado. Cambiamos nuestra forma de estar en el mundo. Lo curioso es que parece que hagamos todo lo posible para ponernos tensos, cuando la mayoría
de las cosas las hacemos mejor si estamos relajados y atentos.

Hemos dado un detallado repaso a los aspectos físicos para
asentarse y centrarse. Muchos métodos pasan por alto ese aspecto de la técnica de meditación, aunque es uno de las cosas más
simples que podemos hacer para aumentar su eficacia. La mente
y el cuerpo están inextricablemente conectados, y un cuerpo flojo
favorece, por no decir requiere, la debilidad mental, así como un
cuerpo rígido favorece la rigidez mental. Una de las sutiles tácticas de nuestra resistencia para sabotearnos sin que nos demos
cuenta consiste en adoptar posturas deficientes en la práctica de
la meditación. Vale la pena hacer lo necesario para estirar, relajar
y realinear el cuerpo. La postura es una forma de incentivar un
estado de atención relajada en todo momento. No sólo mejorará
la meditación sino toda la vida del que medita.

Al hablar de centrarnos, también deberemos considerar los
pensamientos y las emociones, pero un cuerpo bien alineado y en
equilibrio nos prepara para un buen comienzo.

Octava parte

El mal tiempo
y las tempestades

39. Truenos y relámpagos

La Llanura de las Reflexiones refleja todo lo que ocurre en nuestro mundo interior, y una de las cosas que suelen darse es el ruido. Nos hablamos muchísimo, a veces incluso nos vociferamos. Es un hábito muy persistente.

Una razón por la que no dejamos de farfullar es que hemos olvidado el valor y el bienestar del silencio mental. Otra es que nos hemos acostumbrado tanto al ruido que no nos damos cuenta de que la mente podría estar de otra manera, es como no oír el zumbido de la nevera hasta que se desconecta y nos damos cuenta del silencio. Hablamos sobre la «contaminación acústica» de las ciudades y los efectos del ruido como factor de estrés en el trabajo, pero no notamos que el sitio más ruidoso del mundo es a menudo el interior de nuestras cabezas. Además del trueno que nos retumba en la mente, también está el alumbrado. Una idea, luego otra, y después otra se nos pueden disparar en la mente como fuegos artificiales o flashes, deslumbrándonos y confundiéndonos. A veces ni siquiera pensamos sobre las ideas, sólo sentimos una efervescencia mental.

Cuando estamos tan acostumbramos a esas tormentas eléctricas mentales que ni siquiera somos conscientes de ellas, ¿cómo podemos saber cuándo interrumpen las comunicaciones en la Llanura de las Reflexiones?, o ¿cómo podemos saber que todo se ha nublado tanto que no podemos ver, si estamos habituados a la ceguera? Hay varios síntomas que denotan que se nos cruzan los cables mentales, la verdadera dificultad reside en recordar fijarnos en ellos. Algunos de esos indicios son:

Somos distraídos, no recordamos donde ponemos las cosas, lo que hicimos, o lo que íbamos a hacer.

Somos imprecisos y nos confundimos fácilmente.

Tenemos innumerables ideas tontas.

Empezamos cosas que no terminamos. Apenas realizamos proyecto alguno porque antes de terminarlo empezamos otro.

Infinidad de veces nos sorprenden las consecuencias de nuestra conducta.

Cuando los demás se enfadan o impacientan con nosotros no comprendemos por qué.

Nos da la impresión de que nadie nos comprende, y muchas veces es cierto.

Con frecuencia nos confundimos con la hora o el sitio en el que habíamos concertado una cita.

La mente nos queda atrancada en la rutina, recorriendo el mismo tramo una y otra vez.

Tenemos ideas muy buenas, pero no recordamos de qué iban.

Estamos seguros de saber lo que hacemos y los demás están equivocados.

Nuestros pensamientos quedan fijos en «respuesta interminables», dando vueltas sin fin.

Trabajamos en multitud de proyectos simultánea e ineficazmente.

Pasamos más tiempo pensando en el futuro o en el pasado que fijándonos en el presente.

No cumplimos nuestras promesas.

No nos responsabilizamos de nuestras acciones y sus consecuencias.

Generalizamos mucho: las mujeres son..., los políticos son..., la gente mayor es..., los orientales son... Las generalizaciones de esta naturaleza son lógicamente inválidas, pero las hacemos para evitar tener que observar y tratar de comprender el mundo real.

Pasamos tanto tiempo enredados en fantasías que apenas hacemos nada en el mundo real.

40. Aplacar la tormenta

Cuando nos perdemos en los frondosos bosques de la confusión y en el cielo retumban los truenos, a veces deseamos que alguien nos venga a rescatar. En la Llanura de las Reflexiones, sólo nosotros podemos rescatarnos. Cuando se empiezan a hacer ejercicios de meditación una de las cosas que suelen llamar la atención es lo difícil que es evitar pensar en otras cosas. Hay varias maneras de acallar la charlatanería mental, aunque sólo sea temporalmente. Una de las más sencillas es manteniendo la respiración.

Inspire profundamente y mantenga la respiración unos momentos. Fíjese en lo fácil que es mantener la mente quieta al mismo tiempo. Pronto comienza a cotillear otra vez, pero al principio hay un silencio evidente. Cuando prestamos atención a otra cosa, especialmente si es algo físico, como la respiración, la mente tiende a tranquilizarse. El siguiente ejercicio aplica ese principio y el de que podemos cambiar nuestro estado interior tranquilizándonos y dándonos permiso para cambiar.

Aspirar la verdad

«Aspirar la verdad, espirar la "no verdad"» es exactamente lo que significa el titular.

Concentrémonos en la respiración, pensando mientras aspiramos «aspiro la verdad» y cuando espiramos «espiro la "no verdad"». Imaginemos que la «verdad» y la «no verdad» son dos energías diferentes, y que nos llenamos de una y nos vaciamos de la otra. No pensemos sobre lo que significa específicamente la «verdad» o la «no verdad», el Yo interior/superior/más sabio se ocupará de eso.

Es un ejercicio que practico cuando estoy nerviosa y no me puedo calmar, ni con la meditación ni con nada. Primero parece fácil mantener la atención centrada en la respiración, luego empieza a resultar aburrido e inútil (la primera manifestación solapada de resistencia). Después empieza la incomodidad física y la distracción: nos pica el dedo del pie, nos duele la espalda o tenemos un calambre en la pierna. Si la resistencia interna no consigue hacernos abandonar el ejercicio con eso, desenfunda las pistolas y empieza a disparar brillantes ideas o distracciones a la mente consciente. Todo forma parte del proceso: «no verdad» se resiste a irse. Simplemente debemos regresar a «aspiro la verdad, espiro la "no verdad"» hasta que desaparece toda resistencia.

Eventualmente desaparece la resistencia y nos encontramos en un estado de absoluta serenidad, una especie de equilibrio alegre al tiempo que sereno, una sensación de descansar en la confianza. Cuando aprendí este ejercicio, siempre me detenía ahí pensando «lo he conseguido», he alcanzado un buen estado de ánimo. Más tarde me di cuenta de que sólo entonces estaba preparada para *empezar* a practicar la técnica de meditación.

Otra manera de centrarse es realizando el siguiente ejercicio, en el que hay que formarse imágenes, que a mucha gente le es de gran ayuda.

Algunas personas prefieren grabar el ejercicio en una cinta para concentrarse en el ejercicio, y no en mirar qué viene después. Si lo graba, trate de mantener la voz dulce y suave durante todo el ejercicio, a un ritmo lento, aunque no hace falta exagerar; la mejor manera de mantener un ritmo lento no es tanto pronunciando las palabras con lentitud, como haciendo frecuentes pausas en los puntos pertinentes.

Línea de luz

Empiece por respirar profundamente, y al espirar relájese tanto como le resulte cómodo en ese momento.

Hay un centro de energía justo debajo y delante de la base de la espina dorsal. Centre la atención en ese centro. Es el centro de la raíz. Es posible que sienta la energía de ese centro, en forma de hormigueo, calor u otra sensación. Piense sólo que está ahí y concéntrese en esa parte del cuerpo.

Hay otro centro de energía en la coronilla. Concéntrese en ese punto, en el centro de la coronilla. Quizá sienta la energía en ese centro, como estremecimiento, frío u otra sensación. En cualquier caso, piense que está ahí y concéntrese en esa parte del cuerpo.

Hay una línea de luz que fluye desde la coronilla hasta la raíz y viceversa, por el centro de su ser. Deje fluir la concentración por la línea de la luz, desde la coronilla a la raíz y subir de vuelta, desde la raíz hasta la coronilla. Si no ve ni siente la energía que fluye a lo largo de esa línea de luz, imagínesela.

Hay un centro de equilibrio en la línea de la luz. Sea consciente de él cuando siga el flujo de la energía desde la raíz a la coronilla y viceversa. Aspire hacia ese centro de equilibrio.

A medida que aspira hacia el centro de la línea de luz, piense que la respiración infunde energía al centro y a toda la línea, que se vuelve más brillante y fuerte.

Fíjese en la línea de luz que fluye desde el centro de su ser bajando por el centro de la raíz, las piernas y los pies, hacia la tierra, y hacia el centro de la tierra.

Concéntrese en la línea de luz que conecta su centro con el corazón de la tierra.

Fíjese si tiene dentro alguna confusión, tensión o interferencia, y deje que siga la línea de luz hasta la tierra. Piense que la tierra toma esa energía, la limpia, purifica, transforma y fortalece, y se la devuelve como energía cálida, poderosa, que infunde amor y sustentadora.

Piense que esa cálida y sustentadora energía de la tierra se eleva hacia usted, sustentando y cuidando cada célula del ser. Sea consciente de la energía que le sube por los pies y por todo el cuerpo.

Inspire hacia el centro de la línea de luz, el centro de su ser.

Siga la línea de luz que asciende desde el centro de su ser, pasando por la coronilla, al centro del universo. Sea consciente de que se eleva hacia el origen de la fuerza vital creativa.

Piense en la energía del centro del universo, la fuerza vital de la vida, la fuente de sabiduría, de creación, de compasión. Trate de percibir esa energía poderosa, sabia, creativa y amorosa que irradia descendiendo por la línea de la luz hacia su ser. Deje que fluya a través de la coronilla, del centro de su ser, hacia el centro de su raíz y hacia la tierra.

Céntrese en cómo la energía de la tierra le asciende por dentro, como una cálida fuente.

Trate de sentir la energía que fluye descendiendo por dentro, como una luz viviente que ilumina cada partícula del ser.

Fíjese en la cálida energía de la tierra y la vivaz energía del cielo en el centro de su ser. Trate de percibir cómo se combinan e irradian por todo.

Estos dos ejercicios, *Aspirar la verdad* y *Línea de luz* son, en principio, muy simples. Pueden ser muy efectivos, pero para que se manifieste su poderosa eficacia en situaciones de estrés, hace falta haberlos practicado previamente en momentos tranquilos hasta hacerlos muy bien.

Necesidad de ayuda

En muchas ocasiones las confusiones mentales se resuelven con una ayuda objetiva. A veces basta con hablar del tema que nos preocupa para que la solución se haga evidente. Si estamos muy confundidos o la situación es muy compleja, necesitamos la ayuda de un profesional para solventarla. Los asesores financieros, abogados, psicólogos y demás especialistas son expertos que nos pueden ayudar. Mientras más difícil de resolver sea el problema, más falta nos hace una buena ayuda.

Ahora que ya hemos considerado los diversos aspectos respecto a estar mental y físicamente centrado, es el momento de tratar las emociones. Las he dejado para el final porque creo que son lo más importante. Los desequilibrios físicos y mentales suelen tener un origen emocional.

41. A la deriva en un mar tempestuoso

Hemos considerado los aspectos físicos y mentales de estar centrado y arraigado, pero hay otros puntos esenciales. El estar física y mentalmente arraigado y centrado, aunque no es la *causa* de que nos centremos emocionalmente, nos *ayuda* a ello. De hecho, la mayor parte del tiempo, la causa originaria del desequilibrio mental o físico es carecer de equilibro emocional.

Las emociones es de lo que más nos cuesta separarnos. Podemos mirar con cierta objetividad nuestro cuerpo físico (aunque no necesariamente la respuesta emotiva que nos produce) y también podemos, especialmente con ayuda de los demás, examinar nuestros pensamientos para cosas como la consistencia racional y lógica. Sin embargo, las emociones sólo *son*, son arracionales. Tienen su propia lógica interna, basada en supuestos inconscientes que no siempre reconocemos conscientemente.

La estabilidad emocional es algo que las personas a veces consideran no como un sentimiento, sino como un estado de vacío emocional. Eso no es en absoluto estabilidad. Una persona emocionalmente estable puede sentir una gran alegría o una pena profunda, puede reír y llorar, puede ser simpática con los demás y ser clara respecto a sus propios sentimientos, puede experimentar placer y dolor y conocer la diferencia; puede hacer todas esas cosas en el momento apropiado. Luego puede dejarlas ir y *regresar al centro*.

Cuando estamos equilibrados, tenemos flexibilidad emocional, y no perdemos nuestra base en la realidad. Eso nos permite regresar al estado normal cuando se supera la crisis o la situación, y el estado normal es un sentimiento de calidez y rebosante vitalidad. Los niños son así, pasan de las lágrimas a la paz tan pronto como desaparece su fuente de dolor o miedo. A medida que aprendemos a medir nuestra valía con estándares externos (dinero, bienes, la aprobación de los demás, las expectativas de los padres, etcétera) perdemos esa sensación de que todo está bien en nosotros. Lo sustituimos por el miedo a futuras emociones sin fundamento.

Algunas de las cosas que hacemos indican que estamos descentrados y emocionalmente desarraigados:

> *Negamos lo que sentimos. O bien no aprobamos o simplemente no podemos admitir (quizá porque nos dolería demasiado) que sentimos lo que sentimos. Un indicio de esto se produce cuando los demás nos preguntan por qué estamos enojados, y respondemos que no lo estamos.*
>
> *«Proyectamos» nuestros sentimientos en los demás, pensamos que alguien siente lo que sentimos nosotros. Muchas veces esto va acompañado por una negativa de lo que sentimos. Eso se nota mucho cuando lo hacen los demás.*
>
> *Estamos eufóricos un minuto y completamente abatidos el siguiente, como si fuésemos una montaña rusa emocional.*
>
> *Cambiamos los sentimientos rápida y frecuentemente en respuesta a las emociones de los que nos rodean.*
>
> *No sabemos qué sentir.*
>
> *No sentimos nada.*
>
> *Nos bloqueamos en una emoción, especialmente si es extrema. Experimentamos estados emocionales extremos y persistentes.*
>
> *Creemos que todo el mundo nos mira y juzga. Eso a veces se asocia con una proyección.*
>
> *Creemos que siempre podemos leer con claridad los sentimientos de los demás. Incluso podemos pensar que conocemos mejor sus sentimientos que ellos.*
>
> *Nos sentimos responsables por las desgracias del mundo.*
>
> *Estamos constantemente preocupados por la situación mundial.*
>
> *«Sacrificamos» la vida «por el bien de los demás».*

Buscamos la paz a cualquier precio.

Tememos que los que nos rodean nos consideren irracionales.

Enjuiciamos con rigidez la conducta de los demás y sus expresiones emotivas.

Necesitamos manipular o controlar a los demás para sentirnos seguros. Nos excusamos esta actitud porque lo hacemos «por su bien».

Nos sentimos «absorbidos» por los demás cuando expresan sus emociones.

Sentimos que no valemos nada y que no merecemos amor, buenas cosas ni éxito.

Tratamos de suplir en los demás nuestras necesidades emocionales y les echamos la culpa de nuestra desgracia.

Tratamos de dar a los demás lo que creemos que quieren, muchas veces sin que nos lo pidan.

Nos agotan las multitudes.

Controlamos con una emoción la conducta y los pensamientos.

Es una larga lista, en la que también podrían figurar la mayoría de síntomas de desarraigo mental y físico. Muchos de esos desequilibrios no ocurrirían si no suprimiéramos o reprimiéramos tanto los sentimientos.

Supresión y represión

Algunas personas se crean muros de contención ante los sentimientos, creando una especie de vacío que llaman «autocontrol». De hecho se trata de un estado muy peligroso. La emoción suprimida e irresuelta influye en la aparición de no pocas enfermedades importantes, e infinidad de pequeñas afecciones. Afortunadamente, ahora se empieza a prestar la debida atención a los factores psicosomáticos de una enfermedad, y se admite que los sentimientos no sólo nos pueden hacer sentir mal, sino que también nos pueden hacer enfermar seriamente. Conscientes de ello, muchos nos animamos a buscar formas de tratar la emoción sin ahogar nuestros sentimientos ni tratar de descargarlos en los que nos rodean.

Cuando estamos emocionalmente centrados y asentados, en vez de repirimir las emociones, las resolvemos. Reconocemos lo que sentimos cuando lo sentimos, y respondemos apropiadamente. A veces es conveniente expresarlo, mientras que otras veces es mejor tratar de conocerlo y respetarlo sin «hacerlo público». Cuando estamos centrados tenemos una idea más aproximada del efecto a largo plazo y de los resultados de nuestras respuestas emocionales en nosotros y en los demás. Entonces podemos decidir con mayor objetividad lo que queremos hacer.

Hay una importante diferencia entre suprimir las emociones y reconocer y aceptar nuestros sentimientos, sin por ello reaccionar ciegamente. Cuando los suprimimos, pretendiendo que no están, quedan en nosotros, como el barrido debajo de la alfombra, donde continúan contaminando nuestro estado emocional. Si, en cambio, aunque no nos enorgullezca, reconocemos y aceptamos que tenemos nuestros sentimientos, entonces buscaremos formas creativas y constructivas de liberar o expresar la emoción, de forma que no crearemos problemas aún peores para nosotros y para los demás. Lo esencial es que reconocemos nuestros sentimientos; a nosotros nos corresponde decidir qué hacemos con ellos.

42. Calmar las aguas

La meditación es una maravillosa ayuda para calmar las aguas durante o después de una tormenta emocional, pero también se pueden hacer otras cosas, incluyendo técnicas parecidas a la meditación, que nos centran. Si damos esos pasos para calmarnos y clarificarnos, también aprovecharemos mejor la meditación. Podemos suscitar otra reacción positiva en nosotros.

Evidentemente, uno de los primeros pasos para aclararnos es reconocer lo que realmente sentimos, todo lo que sentimos. Nuestros sentimientos pueden ser contradictorios y ese tipo de cosas son confusas. Cuando estamos confundidos, tendemos a volvernos inestables. Somos perfectamente capaces de sentir varias cosas *al mismo tiempo*. Por ejemplo, podemos sentir al mismo tiempo rabia, amor, dolor y compasión hacia una persona. Para tratar las emociones lo primero que debemos hacer es distinguir esos sentimientos y comprender y ser conscientes de los conflictos y confusiones que tenemos.

Las emociones tienen básicamente dos orígenes: nuestra situación actual (muchas veces teñida por la experiencia), y la experiencia que revivimos, nuestras habituales respuestas emocionales ante la vida. Es difícil cambiar un hábito emocional. El hábito de enfadarse o sentir miedo, por ejemplo, es como una drogadicción. Ambas emociones producen una liberación de adrenalina en el cuerpo, y nos podemos quedar «colgados» por el sentimiento de excitación y «vitalidad» que transmite. Es como ser adicto a la cafeína, sólo que en este caso ni siquiera tenemos que admitir que tenemos una adicción. Las adicciones son hábitos agresivos, hincan el diente y se afianzan. A pesar de todo, si realmente nos lo proponemos, podemos cambiar cualquier costumbre. Sólo requiere persistencia, persistencia y más persistencia.

Cambiar un hábito emocional que descentra es como tratar de equilibrarse sobre una roca, comparado con tratar las emociones en una situación que se desenvuelve en ese momento; cuando la presión externa sigue siendo activa, es como querer equilibrarse en una tabla de surf sobre la cresta de una inmensa ola. Se puede, pero tiene truco. Puede ayudarnos mucho practicar, practicar y practicar técnicas para centrarse y asentarse hasta que las dominemos lo suficiente como para poderlas hacer en situaciones de mucho estrés.

Obviamente, si tenemos problemas serios o duraderos, va muy bien contar con el apoyo de una persona formada y con experiencia, como un consejero o un terapeuta profesional. Además de la ayuda que recibamos de los demás, hay técnicas de meditación para centrarse y asentarse emocionalmente. Una de ellas es, una vez más, trabajar la respiración.

Un soplo de aire

En varias técnicas de meditación y en los ejercicios para centrarse y asentarse dados antes, había que centrar la atención en la respiración. La respiración conlleva un interesante mecanismo psicológico. La respiración abdominal es relajante, es muy difícil mantener un estado de ansiedad cuando la inspiración nos llega al diafragma. Cuando sentimos euforia o ansiedad, tendemos a inspirar en la parte superior del pecho, y eso se puede convertir en un hábito si estamos un tiempo estresados.

Hay que tener en cuenta que respirar sólo en la parte superior del pecho no sólo es resultado de la ansiedad, sino que también induce a *sentir* ansiedad. Así pues, el hábito de respirar con la parte superior del pecho nos sume en un estado de ansiedad continuo, y nos empuja a *buscar* cosas por las que estar ansiosos. Hay un proverbio chino que dice que el hombre que quiere golpear un perro siempre encuentra un palo. Siempre podemos encontrar un gancho del que quedar colgados con nuestras penas.

En cambio, inspirar hasta la parte inferior del abdomen relaja, da sueño e induce a la serenidad. Los niños, cuando duermen, apenas mueven la caja torácica para respirar, mientras que mueven el abdomen con bastante fuerza.

La respiración con el pecho y el abdomen favorece el estado de alerta relajado y también ayuda en la práctica.

Ahora es un buen momento para observar un rato la respiración, con una mano en el pecho y la otra en el abdomen. Observe qué mano se mueve más, sin hacer ningún cambio. Si no está totalmente satisfecho con lo que experimenta, puede modificarlo. Las pautas de respiración son un hábito, y los hábitos se resisten a los cambios, pero no debemos permitir que nos esclavicen. Como sucede con cualquier hábito, para modificar las pautas de respiración sólo se requiere determinación y persistencia.

La práctica de la siguiente técnica de respiración permite cambiar suave y gradualmente la costumbre de respirar con ansiedad.

Respirar como una ola

Siéntese como un montaña. Relájese. Cierre los ojos.

Para empezar, lo único que debe hacer es respirar fijándose en las ventanillas de la nariz. Observe la diferencia de temperatura, presión, humedad y duración a medida que inspira y espira. Fíjese en la diferencia entre la ventanilla izquierda y la derecha. Límitese a observar la respiración, no pretenda controlarla.

Transcurridos unos cinco minutos, imagínese que aspira el aire por el ombligo, le sube por la garganta y desciende, de vuelta, para espirar por el ombligo. Imagínese eso en cada respiración, sin esforzarse lo más mínimo para controlarla. No trate de nivelar la duración y la profundidad, que pueden variar. De hecho, no debe prestar atención a esos aspectos de la respiración.

Imagínese como la respiración sube y baja; asciende, a través del ombligo, hacia la garganta, desciende, y sale por el ombligo. Piense que la respiración se mueve como las olas en la costa –que remontan mar adentro y descienden al llegar a la costa–, por el ombligo asciende hacia la

garganta, para luego bajar hasta el ombligo y salir fuera,
tan suave y tranquilamente como el mar.

Este ejercicio profundiza, suaviza y serena la respiración *sin esfuerzo*. Ese cambio gradual se produce en su momento. No se fuerza, se da como respuesta natural a la imagen de la mente. Cuando la respiración fluye por el abdomen y el pecho, el cuerpo nos anima a mantenernos en estado de alerta relajada. Lo importante en el ejercicio es mantener la atención en el movimiento *imaginario* de la respiración, sin hacer ningún esfuerzo consciente para cambiar su profundidad, velocidad o movimiento.

Hay otro ejercicio, que quizá encierre cierta dificultad para más de uno, que se centra en la respiración y va muy bien para sentirse más arraigado. Cuando domine el ejercicio de respiración antes explicado, puede tratar de hacer éste, que es más difícil; probablemente tardará más de quince o veinte minutos en hacerlo. Es una práctica para sentirse más en contacto con la tierra.

Respirar con la tierra

Imagínese que respira por los pies. Imagínese que el aire que inspira sube del suelo y el que expulsa se adentra profundamente en la tierra. La respiración se eleva hacia las rodillas cuando inspira y desciende a los pies cuando espira.

Cuando haga esto con facilidad, deje que la respiración le suba por los pies hacia las caderas, hacia el centro de la pelvis. Cuando la respiración se estabilice, déjela subir hasta el ombligo y el plexo solar, y luego hacia el corazón, la garganta, el centro de la cabeza, y finalmente hacia la coronilla.

Respire desde la tierra, por los pies, hacia la coronilla, durante unos diez minutos, y luego concéntrese en distintos puntos para aspirar de manera normal y respirar profundamente con el abdomen.

175

La próxima vez que se encuentre en una situación que le produzca ansiedad o enfado, haga uno de los ejercicios de respiración para sentirse en contacto con la tierra y observe cómo le influye y cómo reacciona ante la situación. En general, si ha sido una persona sin contacto con la tierra, le puede transmitir un increíble sentido de control y poder, simplemente porque rompe el ansioso hábito de buscar algo por lo que preocuparse y esperar lo peor. Así podrá aprovechar al máximo sus recursos interiores.

43. Viajar seguro

Uno de los temas que surgen una y otra vez al trabajar para asentarse y centrarse es el tema del poder. Estamos acostumbrados a pensar en un tipo particular de poder, el *poder sobre* otras cosas y personas. Es el poder que la gente cree que necesita para sentirse a salvo y segura. El deseo de poder controlar y manipular a otras personas se basa en las siguientes creencias:

No hay suficiente para todo el mundo.
Debo luchar por lo que quiero.
Los demás me quieren hacer daño.
Más para el prójimo significa menos para mí.
No puedo confiar en nadie.
Soy débil y los demás me pueden presionar a menos que yo ataque primero.
El mundo es un sitio cruel y hostil.
Dios es un Gángster Cómico que creó un Demonio para tentarme a errar de manera que Él pueda castigarme y coger todo lo mío.

Esas creencias y otras muchas por el estilo sólo son creencias, no son en absoluto ciertas, pero si actuamos como si fuesen verdaderas leyes de la naturaleza, haremos que sean ciertas *para nosotros*. Son nuestras proyecciones y fantasías, y fácilmente pueden convertirse en profecías de autorrealización. Esos miedos e inseguridades constituyen la motivación que hay detrás del deseo de tener *poder* sobre los demás.

Lo peor de tener *poder sobre* es que nunca tenemos suficiente. Ampliamos las fronteras de nuestra área de control con lo cual tenemos un mayor límite que defender. Y ello nos convierte en un objetivo más llamativo para los que piensan de la misma manera. La forma de pensar que «puedo ser feliz sólo con tener esto y lo otro», o el razonamiento «si tuviese cierta cantidad de dinero en el banco, me sentiría seguro» es imposible de acallar, porque proviene de una *inseguridad interior* que no se conforma ni se satisface mediante el *poder* sobre las cosas o las personas. Por mucho que poseamos, esa voz interior sigue reiterando su temor, que está en peligro, que no es seguro. Es un voz emocional programada y no se confunde con hechos.

Lo verdaderamente triste de esas creencias es que hacen que las personas inviertan toda su energía y tiempo en el mundo externo, sin darse cuenta nunca de que lo que está mal, y muy mal, es su mundo interior. Esos miedos e inseguridades sin fundamento no sólo nos empujan a buscar *poder sobre* los demás, sino también a levantar muros defensivos para protegernos.

No sólo tratamos de protegernos a nosotros sino que también extendemos la protección a los bienes de formas bastante irracionales. Una vez conocí a alguien que se compró una moqueta cara, la cubrió con un plástico y terminó por vivir en la cocina mientras la nueva moqueta quedaba prácticamente intacta en el resto de la casa. Este ejemplo puede parecer tan extremo como ridículo, pero he estado en más de una casa donde la anfitriona se ha apresurado a ponerme debajo del codo un pañito de encaje para que no gastase el brazo de la butaca. Y conozco a una pareja que se compró un coche nuevo –cosa que hacen cada dos años–, le pusieron una tapicería de vinilo, para poder limpiar mejor los asientos, y cubrieron los asientos con fundas de plástico hechas a medida, para que el vinilo no se ensuciara y se siguiera viendo la hermosa tapicería, y luego pusieron sábanas sobre el plástico, porque era demasiado caluroso y desagradable sentarse encima. Hay personas que hacen cosas así, y otras personas que lo desaprueban compasivamente; lo cierto es que:

Es una manifestación externa de algo que «todos» hacemos interiormente.

Cuando estamos descentrados, nos sentimos ansiosos. Sabemos (en algún punto dentro de nosotros) que, en esa situacion mental, no somos capaces de utilizar la inteligencia con claridad, ni todo el poder que tenemos. Cuando nos sentimos ansiosos e inseguros, alimentamos el miedo y tomamos medidas de protección ante ello. Cada «protección» crea otra «vulnerabilidad», y así, una encima de la otra, escalan interminablemente.

Hace unos años una profesora me dijo que tenía que dejar todas mis defensas. Sorprendida, le respondí que seguro que en este mundo *necesitamos* defensas.

Sonrió, me dio una palmada en la rodilla y replicó: «No, querida, sólo podemos ser invulnerables si dejamos todas las defensas».

Instantáneamente la mitad de mi mente pensó entusiasmada: «¡Oh, sí!, ¡por supuesto!», al mismo tiempo que la otra mitad levantaba un dedo en señal de alarma y decía: «¡Un momento! Aquí hay algo que no es lógico».

Después de hablarlo y buscar ayuda, me avine a intentarlo. Desde entonces trato de descubrir y liberar mis defensas, que se disfrazan y esconden de infinidad de maneras ingeniosas, algunas incluso tratan de reafirmarse. Con los años he comprobado que ella tenía razón. Desde que aprendí a ver lo que protegían las defensas, veo que no las necesito para nada. Cada vez que encuentro una y la libero me vuelvo más ligera y fuerte, no con una fortaleza rígida y quebradiza, sino flexible y resistente.

La meditación ayuda a estar más conectados con la tierra y más centrados, y esto, a su vez, facilita la práctica de la meditación. Y mientras mejor practicamos, más asentados y centrados estamos; es una maravillosa espiral ascendente, que también se puede intensificar haciendo los ejercicios para estar más cerca de la tierra. Con todo eso nos formamos una visión más clara, equilibrada y real sobre todos los aspectos de la vida. Nos sentimos más estables y seguros de nosotros y, por ende, llenos de poder. Entonces no necesitamos jugar estúpidos juegos de poder con nosotros, con los demás o con las cosas.

No necesitamos demostrar el poder que tenemos presionando a los que están a nuestro alrededor o acumulando cosas. No necesitamos protegernos de ataques imaginarios, porque vemos con claridad y distinguimos cuándo se nos ataca realmente y cuándo no. Descubrimos nuestra propia fuerza, y podemos decir «sí» y «no» cuando queremos; es *nuestra* elección, hecha por *nuestras* razones. Cuando estamos llenos de poder, podemos ser amables

179

y buenos; no necesitamos ser egoístas, cogiéndolo todo para nosotros. Nos sentimos seguros, sabemos que nos podemos cuidar, que podemos satisfacer nuestras necesidades y ofrecer generosidad a los demás.

Es importante tener en cuenta que si estamos verdaderamente centrados, percibimos que en realidad hay cosas que las tenemos en mayor abundancia mientras menos nos cuesta ofrecerlas. Por ejemplo, mientras más amor damos, más amor sentimos en nosotros. Si conseguimos querernos a nosotros mismos, nos volvemos personas llenas-de-amor, y entonces no sentimos carencia de esa energía tan apreciada. El sentirnos amados puede darnos un falso sentido de seguridad (falso, porque alguien se lo puede llevar); en cambio, si el amor fluye en nosotros, nos infunde una alegría que nadie puede llevarse; sólo nosotros podemos decidir dejar de amar y de experimentar ese fluir de energía amorosa.

No necesitamos «intentar» que los demás nos den amor, no tenemos por qué tener miedo de perder amor, y los demás no nos pueden chantajear amenazándonos con dejar de amarnos. No queremos ni necesitamos seguir juegos de poder con algo que se pretende que es amor. Eso detendría el fluir de la energía en nosotros. Cuando rebosamos de amor podemos dar amor incondicionalmente, y eso no depende de nada que esté fuera de nosotros. Pero para que eso sea posible, no debemos basarnos en el miedo, sino centrarnos en nosotros y en la realidad. La Llanura de las Reflexiones debe reflejar claridad y el Mar de los Cambios debe estar tranquilo. Esa claridad, quietud y apertura es lo que crea en nosotros el espacio que se llena con serenidad, alegría y paz.

Con esto queda expuesta la información práctica básica –y en parte no tan básica–, necesaria para meditar con eficacia. En las dos últimas partes del libro consideraremos brevemente la influencia de la meditación en la psique y el espíritu.

Debemos tener presente que la meditación no es una cosa que sólo se da en la cabeza; es algo que hacemos con todo el ser –cuerpo, mente, emociones y espíritu– y nos afecta en todos esos aspectos.

Novena parte

En alas de la transformación

44. El dragón y la serpiente

Abraham Lincoln decía que «una casa con divisiones antagonistas no resiste», y tenía razón. La mayoría estamos divididos. Una parte de nosotros dice «sí», mientras otra dice «no» y otras toman partido y contribuyen al debate. La Llanura de las Reflexiones está fragmentada en pequeños reinos, aislados entre sí por profundos desfiladeros, donde los dragones se deslizan en la oscuridad, mientras en los abismos sin fondo del Mar de los Cambios siguen morando las serpientes del origen de los tiempos.

Cuando consideramos nuestra fuente de resistencia a la transformación interior y a la realización de nuestro potencial, debemos reconocer una parte especial de nosotros. Tenemos algo muy antiguo e ingenuo. Puede tener algo que ver con los esquemas de nuestro cerebro, el «cerebro viejo» o «cerebro posterior». Es la parte más primitiva de nuestro equipo mental, y está relacionada con respuestas rutinarias, hábitos y reflejos, y con nuestra necesidad de rutina y ritual, entre otras cosas. Tanto si la resistencia procede de esa parte del cerebro como si no, una parte de nosotros tiene ideas como «hice esto y sobreviví, si sigo haciéndolo seguiré sobreviviendo», «esto es nuevo y desconocido, si lo hago puede ser que no sobreviva», «esto duele, no lo haré nunca más» y «esto me hace sentir bien, lo haré siempre que pueda».

Queda bastante claro cómo funciona el esquema. Es el mismo que aprende un cachorro, un bébé o cualquier criatura primitiva cuando su aprendizaje se basa puramente en la respuesta placer/dolor y en la simple supervivencia. Esa parte de nosotros, un viejo dragón interior, un frío reptil de las profundidades, es incapaz de teorizar cosas como: «Si esto me hace sentir bien, entonces lo otro me debe ir mejor» o «Este comportamiento funcionó una vez, pero probablemente no me dará lo que quiero en el futuro» o «Si lo intento de otra manera, quizá vaya mejor que hasta ahora».

No especula ni mira hacia el futuro (función del cerebro anterior), sólo tiene percepción retrospectiva. Carece de imaginación y no concibe sentimientos o conductas que no haya experimentado. Cuando se le presiona para que cambie, llama a la serpiente de las profundidades del Mar de los Cambios; la serpiente responde a la llamada irradiando miedo, causando una agitación en el mar y generando tormentas que arrasan la llanura.

Esa forma de pensar del dragón puede parecer estúpida, pero en conjunto diríase que funciona bastante bien. Los reptiles han sobrevivido mucho tiempo así, aunque indudablemente no tienen en la tierra el poder que tenían antes, y su declive se atribuye a su incapacidad para cambiar de conducta e inventar y probar nuevas respuestas, como hacen los mamíferos. Y, por supuesto, por lo que respecta a los dragones terrestres y las serpientes marinas, están virtualmente extinguidos, excepto los que tenemos en la parte posterior del cerebro. No es difícil distinguir a las personas excepcionalmente influidas por esa porción del cerebro. No cambian fácilmente, hablan de «los buenos tiempos pasados», dicen que «lo que era bueno para mi padre es bueno para mí»; preferirían que el mundo permaneciese invariable, cosa que, por supuesto, no ocurre, por lo que les resulta difícil adaptarse.

Este tipo de respuesta programada por la experiencia la tenemos todos detrás de ese impulso inicial de decir «no» a lo nuevo, sólo porque es nuevo. Además, tenemos un respetable bagaje de respuestas automáticas, de cosas que aprendimos en la primera infancia. Están relacionadas con la forma en que conseguimos que la gente se preocupe por nosotros y atienda nuestras necesidades. De niños *debemos* tener otras personas que nos cuiden, porque no podemos sobrevivir solos. Se trata de una cuestión de supervivencia temprana, por lo que se queda enganchado en la primitiva parte del cerebro con la programación automática síno, dolor-placer.

Es un tema mucho más importante de lo que se piensa. Todos aprendemos de niños (o quizá incluso se sabe al nacer) que la supervivencia depende de que los demás nos cuiden en todos los aspectos de la vida. Nuestra supervivencia depende de que tengamos el suficiente encanto o seamos exigentes para que los demás satisfagan nuestras necesidades. Eso nos hace caer en la ilusión de que nuestra seguridad depende del amor y la aprobación –o por lo menos la atención– de los demás y que *será siempre así*.

Si nos dejamos regir por ese dragón de las profundidades, no crecemos nunca. Seguimos siendo niños dependientes. No podemos, por ejemplo, trabajar por cuenta propia, necesitamos depender de un jefe. Si somos buenos, hacemos lo que nos dice y le gustamos, se responsabilizará de nosotros, indicándonos lo que debemos hacer y cómo, y se encargará de los asuntos financieros. Hoy en día numerosas grandes compañías fomentan cada vez más las relaciones familiares, para crear esa dependencia. Podemos ser siempre niños. De todos modos, que trabajemos por cuenta propia no significa necesariamente convertirnos en adulto independiente. Podemos tener padres ricos que nos respaldan, o podemos tener estrategias para compensar los miedos, sin resolverlos.

Por esa creencia básica de que no podemos volvernos adultos responsables de nosotros mismos, muchos matrimonios establecen acuerdos tácitos donde la mujer depende económicamente del marido, quien además se encarga de reparar el coche y cosas así, mientras que el hombre depende de la esposa en los aspectos de la vida diaria, como cuidar a los niños, comer caliente, lavar la ropa y ordenar la casa. Este tipo de dependencia mutua es especialmente poderosa porque nadie se siente realmente a salvo sin el otro. Este ejemplo concreto está cambiando en nuestra sociedad, no tanto como cree mucha gente, y no sin mucho estrés para las personas a las que se les educó para que pensaran en la seguridad y ahora se les pide que actúen de un modo diferente que no proporciona la ilusión de la seguridad.

Hay innumerables ejemplos de esto. Es posible que necesitemos que los demás sean amables con nosotros porque nosotros no nos tratamos con amabilidad (o podemos haber aprendido a manipular a los demás para que sean amables siendo nosotros severos con nosotros mismos). Tal vez sentimos la necesidad de que la gente nos proteja porque no sabemos decir «no» cuando lo necesitamos o lo queremos; podemos experimentarlo así especialmente cuando alguien nos sitúa en una posición en la que realmente queremos decir «no» y no lo decimos. Decir «no» puede significar perder la aprobación o el cariño de otra persona. También la necesidad de cariño de los demás puede deberse a que no hemos aprendido a querernos. En ese caso, sólo podemos entender el amor en términos de recompensa y dominio-sumisión.

No digo que esté «mal» trabajar para una entidad paternalista, ni casarse o implicarse con otras personas. Podemos ser adultos independientes trabajando por cuenta ajena, estando casados y cooperando con otros. Alternativamente, podemos trabajar por cuenta propia, estar solteros, o dar la vuelta al mundo navegando en solitario, y seguir teniendo miedo de que los demás no nos apoyen.

Volverse un adulto independiente es algo que se da dentro de nosotros o no se da. Si crecemos, somos libres de elegir el tipo de vida que queremos, en vez de que nos dirija un programa inconsciente que llevamos dentro. Si no, somos robots-esclavos de nuestros miedos inconscientes, el dragón y la serpiente. La serpiente es el poder y la energía, y cuando expresamos eso como un temor que dirigimos contra nosotros, pasamos por una experiencia dolorosa y difícil.

El dragón de las profundidas asume que no cambia nada a medida que crecemos; no nos volvemos más grandes, ni más fuertes, ni más sabios. Esa creencia tiene poder de convicción porque una vez fuimos, efectivamente, niños desvalidos, dependientes de los demás para las necesidades esenciales de la vida. Nos hubiese dejado siempre igual. Pero tenemos otra fuerza que nos incita a crecer. Un brillante dragón bailarín, un dorado ser translúcido que vuela libremente por el cielo, contrarresta al oscuro dragón de las profundidades.

45. El dragón volador

Hay un brillante dragón que vive en la Llanura de las Reflexiones, o en el aire que hay en ellas. Lo vemos poco, pero su llamada salvaje y mágica, emitida por encima de nuestro nivel normal de audición, nos resuena dentro. Nos llama para enseñarnos a volar sobre los abismos y los desfiladeros, para trascender la oscuridad, los viejos dragones de la inseguridad y las reacciones rutinarias. Canta a la serpiente, en el fondo del mar, de trascendencia y alegría, y evoca su poder de transformación.

Nos invita a traspasar lo conocido para alcanzar lo desconocido, a la aventura de explorar nuevas formas de ser, a arriesgarnos, a ser valientes.

Nos invita a responsabilizarnos de nosotros, a reconocer que nuestros pensamientos, sentimientos y conductas dependen de nosotros.

Nos invita a reconocer que la aceptación de la responsabilidad comporta un poder, el poder de elegir y dirigir nuestras vidas, el poder de cuidar de nosotros.

Nos invita a comprender que ese poder es la única seguridad real que hay en el mundo, una seguridad que no se basa en engatusar o manipular a los demás para obtener cosas de ellos, sino en lo que hay dentro de cada uno.

Nos invita a aceptarnos e incluso querernos. Si no hacemos eso nunca aceptaremos el verdadero amor de los demás. Sin un genuino narcisismo sólo podemos aceptar versiones fingidas basadas en la dependencia y los «pagos» a perpetuidad.

Nos invita a ser amables con nosotros mismos, a que nos tratemos con generosidad.

Nos invita, simplemente, a volvernos adultos, a no depender

187

más de los otros para satisfacer nuestros necesidades físicas y emocionales básicas de maneras sutiles y no tan sutiles.

Nos invita a establecer relaciones con los demás basadas en compartir desde la fuerza y no en aferrarnos ante el miedo.

Una de las cosas que hace la práctica de la meditación es llevarnos a tener más contacto con el dragón bailarín de las alturas y la luz. Nos da objetividad y nos ayuda a ver que la visión del oscuro dragón no es enteramente cierta, pues es sólo la muy limitada comprensión de alguien que vive en el fondo de un profundo cañón.

46. Montar al dragón

Así pues, debemos elegir a qué parte de nosotros hacer caso, al dragón del desfiladero o al del cielo. El primero ofrece (aunque no siempre lo da) seguridad, mientras que el otro ofrece riesgos y aventura, y el encanto de lo desconocido. Esa cuestión gira en torno a qué tipo de compromiso contraemos con nosotros sobre la vida. Puede ser un compromiso de aguantar, para seguir a salvo, para seguir pequeños, o bien un compromiso para aprovechar todo nuestro potencial para crecer, para vivir con toda la riqueza y plenitud posible.

Si es el compromiso de vivir en un refugio a prueba de bombas, la meditación no es para nosotros, porque nos saca fuera, a la luz y a la aventura. Si nos rige el dragón oscuro, tememos ese tipo de vida. Cuando en vez de ser un mero aviso, puede dictar nuestro curso, nos podemos pasar la vida enterrados en un agujero oscuro. Por otro lado, si optamos por crecer y por la aventura, debemos recordar que el dragón de las profundidades no es un enemigo. Lo necesitamos. Él puede ser quien nos disuada de volar ciegamente, sin una razonable preparación y premeditación, hacia lo desconocido.

Alternativamente, si nuestro compromiso es de una vida de crecimiento y la realización de nuestro potencial creativo, no debemos dejar que el ardiente dragón del cielo nos lleve en su vuelo. Debemos eludir la simplista trampa de pensar que todos los riesgos son buenos sólo porque son riesgos y porque demuestran nuestra disposición a la aventura. Debemos encontrar un equilibrio entre las exigencias de los dos dragones.

No es cosa mía, ni de nadie, decir a los demás lo que deben hacer con su vida. Cada cual es dueño de su vida y puede disponer de ella como mejor le parezca. Personalmente, trato de que me crezcan las alas. Luego puedo escuchar a los dos dragones y elegir mi camino, equilibrado entre el aviso realista y la expansión en un potencial creativo. Y puedo volar por el camino iluminado por la luna, a través de la Llanura de las Reflexiones y del Mar de los Cambios y que asciende por la montaña hacia el Lugar de la Luz.

47. Hacer que nos crezcan las alas

Hagamos un pequeño ejercicio.

> *Imagínese que tiene delante a la persona que más quiere o ha querido; trate de sentir todo el amor y la ternura que le inspira.*
>
> *Una vez que tenga ese sentimiento de amor, deje de pensar en esa persona y dirija ese amor hacia usted, tal como es, con sus virtudes y defectos, aciertos y errores, esperanzas y miedos, con «lo bueno» y «lo malo». No juzgue, ni siquiera piense sobre nada de eso. Simplemente quiérase con todo tu corazón.*
>
> *No hay ningún otro ser implicado en ese amor, ni dando ni recibiendo.*
>
> *Hágalo durante diez minutos, deje que crezca sin cesar la calidad e intensidad del amor.*

¿Cómo se siente? Es posible que se haya resistido, o haya tenido la tentación de pensar en otra cosa. ¿Qué tipo de sentimientos o ideas le han venido a la mente? ¿Qué le dicen sobre lo que en realidad siente por sí mismo?

El bebé instintivo, connatural, que hay en nosotros necesita seguridad. Está programado (probablemente genéticamente) para intentar atraer el amor de los demás porque, si le quieren, le cuidarán. Si no le queremos (a nosotros), no le cuidamos bien (a nosotros). Se asusta y toma el control de nuestra vida, para conseguir, como sea, el amor, la aprobación y el cuidado de los demás. Nunca descubre que nosotros (nuestra parte adulta) podemos satisfacer sus necesidades de amor y seguridad.

191

Debemos convencer a ese niño interior de que somos adultos maduros, responsables y cariñosos, que velaremos por él.

Si actuamos con la parte adulta de nuestra personalidad y convencemos al bebé interior de que se le cuida y está seguro, se sentirá como los bebés satisfechos: nos dedicará gorgoritos, feliz y contento, o se dormirá. Lo que es seguro es que no se quedará despierto, pidiéndonos que juguemos juegos de dominio/sumisión, o manipulando a otros para que nos cuiden, ni berreando de celos.

Suponga que realmente se quiere, e imagínese cómo se trataría; piense si lo haría de manera diferente, si sería menos crítico, menos exigente; si se enfadaría menos consigo mismo, si sería más comprensivo, si se cuidaría más, si sería más generoso, más disciplinado, más infantil; si se preocuparía más por sí mismo y por su energía, si se alimentaría de otra manera, si cambiaría su forma de vestir o el tipo de trabajo y si dejaría que la gente le tratase como le trata.

¿Puede ese bebé confiar en que le cuidará con amor y dedicación?

La meditación nos ayuda a aprender a amarnos. Aparte del hecho obvio de que la meditación es una manera de cuidarnos y mejorar la calidad de vida, también nos ayuda a descubrir un aspecto de nuestro ser que tal vez desconocíamos. Esa parte de nosotros quiere y es adorable, tanto que muchas personas, cuando la conocen, piensan que debe haber algo fuera de sí mismas. Nos cuesta creer que en nosotros haya algo tan maravilloso.

De hecho, solemos estar tan convencidos de que somos esencialmente indeseables que tenemos la impresión de que es malo o egoísta querernos. Y, sin embargo, sólo podemos querer realmente a los demás si nosotros estamos llenos de amor. Cuando nos «enamoramos» tendemos a querer más a los demás. Cabe imaginarse lo mucho que amaríamos a la gente en general si nos preocupáramos por nosotros lo suficiente como para sentirnos completamente seguros en ese amor. Eso no es egoísmo, es puro sentido común: si nos queremos aumenta nuestra capacidad de querer a los demás.

Hasta que desarrollamos el amor incondicional, podemos utilizar nuestro no amor hacia nosotros para ayudarnos a crecer en el amor, como abrazamos al enemigo en la victoriosa resistencia a la meditación y lo utilizamos para localizar y cerrrar las grietas por las que entró en la conciencia. Por ejemplo, los celos se consideran una «emoción negativa» y cuando los tenemos, no nos gusta admitirlo. Preferimos culpar a los demás de herirnos, en vez de reconocer que somos dependientes y exigentes. En vez de tratar de suprimirlos o ignorarlos, podríamos utilizarlos para crecer.

Cuando nos sentimos celosos, quizá podríamos admitirlo y tratar de descubrir qué necesidad insatisfecha nos está hablando. Suele estar relacionado con la inseguridad, inseguridad sobre el amor, la atención o que nos cuiden. Intentemos definir con precisión y en toda su extensión esa necesidad insatisfecha.

Podemos sentir celos de alguien porque nos parece que tiene algo que queremos, pero en realidad no es el objeto lo que deseamos, sino el sentimiento de autoestima o plenitud que creemos que ese objeto nos daría. ¿Qué sentimiento es ese que queremos?

Si estamos celosos por la atención o el amor de otro, ¿qué es lo que realmente queremos de ese amor o de esa atención?, ¿de qué modo nos haría sentir mejor con nosotros mismos?; ¿necesitamos sentirnos más valorados?, ¿más seguros?

Preguntémonos qué podemos hacer *nosotros* para darnos *a nosotros* esos sentimientos, y cómo podemos demostrarnos mejor el amor o el cariño que necesitamos.

Al buscar respuestas a esas preguntas, podemos descubrir cosas de nosotros que no nos gustan. Podemos haberlas negado o proyectado en otros en el pasado, pero ahora somos honestos con nosotros y reconocemos nuestras sombras, las sombras que oscurecen el mundo interior, entristeciendo la Llanura de las Reflexiones y ensombreciendo y contaminando el Mar de los Cambios. Al reconocer y transformar esa energía destructiva en constructiva, liberamos la fuerza de la vida que estaba confinada en la oscuridad, en los temibles abismos de un profundo mar, y nos damos vida nueva. Entonces los celos se transforman en una fuerza positiva de nuestra vida, el dragón de las profundidades se eleva hacia la luz y puede ver lo que realmente necesita para sentirse seguro. Y en vez de esperar y desear que lo que necesitamos se nos ponga delante de las narices, o que alguien, o el destino, nos lo traiga, nos lo podemos dar.

Debemos escuchar atentamente y con la mente clara para comprenderlo bien; afortunadamente, con la práctica de la meditación aprendemos a escuchar así, y a tener esa claridad. Y con la meditación también aprendemos a querernos de otras maneras.

Cuando meditamos intensa y relajadamente concentrados, podemos invitar a todas las partes dispares de nosotros al proceso de meditación. La mayor parte del tiempo somos como un comité mal organizado, que ni siquiera se pone de acuerdo en lo que quiere hacer. Cada individuo de nuestra Llanura de las Reflexiones tiene sus propios deseos y necesidades. Algunos están regidos desde las profundidades por el dragón y la serpiente de mar, otros por el dragón volador y bailarín, otros por su propia confusión, y puede ser que incluso los haya con la mente clara y regidos por el sentido común. Figúrese lo que sentiría si, por un momento, todas esas voces se convirtieran en una, que sonara con la claridad de una campana.

Imagínese el cambio de energía si estuviera en una habitación con mucha gente, donde cada uno charlase de lo que le preocupa, y gradualmente todo el mundo empezase a cantar la misma nota, hasta que todos cantasen con un tono claro y sonoro.

Piense en la diferencia entre una luz corriente, que irradia sus ondas en diferentes direcciones, y la coherencia de los haces de luz, carentes de dispersión, de un rayo láser; éste es el que tiene capacidad de disección y emite un mayor brillo.

Cuando al meditar conseguimos reunir todos nuestros «yo» fragmentados, llevándonos a un solo punto de atención de la mente, del corazón y de la energía, pasamos a una forma de ser completamente diferente: la experiencia mística, en la que ya no hay un yo que observa y un yo que experimenta. Sólo hay Yo. El experimentar ese Yo produce un profundo efecto en nuestra psique.

La psicoterapia empieza arriba de todo, en la conciencia, y desciende gradualmente, pero la energía transformadora de la meditación, cuando se está totalmente concentrado en un punto, irradia simultáneamente todo nuestro ser, atravesando la oscuridad y la confusión como un haz de luz clara y coherente. Cuando eso ocurre, podemos tardar meses, incluso años, para consolidar e integrar el cambio en nuestra conciencia.

Cada vez que meditamos brilla en nosotros el haz de luz. En algunos casos es débil, con muchos rayos dispersos, y en otros fuerte, pero siempre tiene algún efecto. Mientras más nos involucramos en el proceso de meditación, más potencia tiene la luz. Para poner fin a la confusión de nuestra psique necesitamos mucha luz, mucha práctica de meditación. Cuando alcanzamos esa concentración total, cuando la radiación pasa de ser parcial a ser completa, ilumina todo nuestro ser. No en vano se llama a esa experiencia «iluminación».

Incluso cuando lo reunimos, la luz sólo suele brillar por un momento antes de que la perdamos otra vez. Es porque necesitamos tiempo para integrar los cambios que surgen de esa experiencia. Si no, la luz nos deslumbraría tanto que no podríamos ver el camino. Necesitamos esa luz en dosis que nuestra psique pueda manejar e integrar. Necesitamos la experiencia diaria, un poco más cada día, al igual que necesitamos el ocasional y brioso poder de la perfecta y pura luz armonizada. Y nuestras alas..., nuestras alas están hechas de luz.

Hay una profunda
y oscura nota,
la lenta respiración de un dios eterno,
salida de una flauta *bansuri*.
Esa melodía
quiere tocarme,
pero cada vez
que estoy casi afinada,
me estremece.
Ningún lugar rígido, ningún hueso
en mi espíritu, ninguna sombra
puede vivir
en ese sonido. Necesito ser
flexible y hueca, un caramillo verde
al viento,
para que el lento contrapunto
pueda respirar por él.

Esto plantea la cuestión de dónde cruzamos la línea entre la psique y el espíritu. ¿Existe esa línea, o bien la psique y el espíritu son simplemente aspectos del todo? Si la psique es la Llanura de las Reflexiones y el Mar de los Cambios, y el espíritu es la montaña del centro, ¿por qué suponemos que están separados? Están enraizados en la misma tierra, y vamos, de forma natural, de un sitio al otro.

Décima parte

El ascenso de la montaña

48. Buscar el camino para subir

Al ascender la montaña hacia el centro del ser para alcanzar el Lugar de la Luz, la cumbre de nuestro potencial, encontramos infinidad de senderos. Algunos se remontan un poco y terminan en una pequeña meseta para acampar, donde la gente puede pretender, si quiere, que ha alcanzado la cima. Al ascender, hay caminos que se unen con otros; algunos buscan el más fácil –aunque, en cualquier caso, son bastante empinados–, y algunos suben resueltamente, directos hacia arriba, pasando por escarpados peñascos y profundas grietas.

Innumerables religiones ofrecen un camino hacia el Lugar de la Luz, pero no todas son apropiadas para todos los viajeros espirituales. De hecho, algunas personas parecen necesitar abrir su propio camino, o quizá lo que hacen es seguir un recóndito sendero prácticamente olvidado durante siglos.

Para facilitar nuestra exposición, delimitemos los términos «religioso» y «religión» como propios de sistemas formales de creencias, surgidos de los escritos o de las enseñanzas específicas de un individuo inspirado. Y definamos «espiritual» como algo mucho más amplio, que no sólo incluye las distintas religiones, sino también el sentido que todos tenemos sobre Algo Más y sobre la importancia de los principios abstractos en la vida cotidiana. Para algunas personas ese sentido es vago y confuso, otras lo consideran inexistente, mientras para otras es una fuerza clara y activa de sus vidas, dentro o fuera del marco de una religión formal.

Las técnicas de meditación han sido mucho tiempo esenciales en casi todas las religiones, aunque la mayoría de creyentes de cualquier fe no practican la meditación; es más, incluso los hay que la consideran con profunda desconfianza. Esa común incomprensión sobre dichas técnicas se debe a que la mayoría de religiones tienen dos ramas principales: la *exotérica* y la *esotérica*.

Las religiones exotéricas se centran en la idea de que *hubo* una revelación divina, de que Jesús, los profetas, Mahoma, Buda, Lao-zi, o quien sea, habló y ésa es la Palabra. Esa palabra es fácil de comprender, de ser interpretada por las autoridades de la iglesia donde sea necesario –hecho que origina las divisiones y las sectas–, y de acatar por los creyentes. Las religiones exotéricas dan especial relevancia a la conducta, «al hacer» y a la fe. Los seguidores exotéricos de cualquier religión suelen ser numerosos.

En cambio, la parte esotérica de una religión se centra en el crecimiento espiritual interior, en «ser» y en la experiencia. Es «el camino del místico» y lo practican un sinnúmero de cistercienses, benedictinos, cuáqueros y otros cristianos, así como budistas zen, sufíes y otros que siguen el camino místico desde las diferentes religiones de la humanidad.

Muchas religiones se inician como esotéricas, con un núcleo de creencia y un simple ritual para centrar la intención espiritual y la autodisciplina del místico. No obstante, el ritual y el sistema de creencia pueden atraer seguidores que no están preparados, emocional o mentalmente, para recorrer el largo y difícil camino del crecimiento interior y la vía del silencio. Esos nuevos seguidores centran su atención en el exotérico camino externo del dogma, el ritual y las normas, desarrollándolos a medida que surgen cuestiones de interpretación. Pueden ignorar o frenar la evolución de la vida espiritual interior. Casi todas las religiones desarrollan ese cisma.

Como resultado de esa escisión muchas personas que se consideran cristianas, por ejemplo, tienen un escaso conocimiento del cristianismo esotérico, a pesar de la importancia que revestía en los albores de la iglesia cristiana. Es una pena. Probablemente es una de las principales razones por las que la cristiandad se ha vuelto, para tanta gente, una religión nominal que realmente no significa nada en sus vidas, o una irrelevancia anticuada, dogmática y ritual de la vida moderna.

No quisiera crear malentendidos, no estoy diciendo que el camino exotérico no sirva para nada, ni que todo el mundo debería seguir el camino esotérico de su religión. A muchas personas, por temperamento, no les va el camino de la mística. Todos debemos encontrar nuestro camino para escalar la montaña a nuestro ritmo. Sin embargo, para los que sí están preparados, que es a quien nos referimos aquí, una religión carente de alguna forma de meditación parece un tanto estéril. El camino esotérico no es el de la fe, sino el de la experiencia, y la meditación favorece el tipo particular de experiencia que busca, la experiencia mística.

La rama exotérica de una religión puede divividirse en muchas sectas, cada una de las cuales cree sinceramente que las demás se equivocan en algo esencial. Eso es mucho más improbable entre los miembros esotéricos de la fe. De hecho, muchas veces toman técnicas y disciplinas de otras religiones para recorrer el camino. Por ejemplo, recuerdo haber conocido a un padre franciscano, devoto de su religión, que había pasado dos años estudiante zazen con un maestro de zen. Ese tipo de amplitud de visión e interés por otras disciplinas es corriente entre los místicos. A las personas para las que la religión es un estructura externa (exotérica) les cuesta comprender el punto de vista de una persona que la considera una experiencia interna (esotérica), y esa incomprensión puede darse en ambos sentidos. Quienes creemos que el camino de la mística es el único concebible, podemos asumir que el foco externo de la religión exotérica es sólo una superestructura para la experiencia mística. A un místico «natural» le puede sorprender en gran manera que esto no sea así.

Recuerdo bien cómo se divirtió uno de mis profesores, un ex seminarista jesuita, cuando descubrí que había personas que creían en Dios y que mantenían creencias y principios religiosos sólo porque tenían *autoridad* para ello en la Biblia y en los escritos de los padres de la iglesia. Al ver que yo no salía de mi asombro, se rió y dijo que había algo que aún me sorprendería más: que algunas personas creen en Dios porque piensan que la existencia de Dios fue probada por una lógica rigurosa. Estaba asombrada, nunca se me había ocurrido que alguien pueda o quiera creer en un poder más elevado sin la experiencia directa de una unión mística.

Las técnicas meditativas descritas en este libro no son para una sola religión, y las puede practicar casi todo el mundo sin menoscabar o negar su vida religiosa, sino que, por el contrario, la enriquecerá. Muchos ejercicios los aplican las ramas esotéricas de numerosas religiones para el desarrollo espiritual. En la tradición hindú, budista, musulmana, judía y cristiana, entre otras, se encuentran las mismas técnicas para calmar la mente y relajar el cuerpo.

Lo cierto es que, con independencia de las creencias religiosas, todos tenemos la misma estructura fisiológica, y a todo el mundo le sirven las mismas técnicas de relajación. También tenemos idéntica estructura cerebral y los mismos procesos mentales fundamentales, por lo que las técnicas para calmar la mente son interculturales. Las técnicas de meditación comentadas son sólo algunos de los numerosos pasos religiosos que se siguen para ir hacia el Lugar de la Luz. Ninguno de ellos es exclusivo de ninguna religión, ni tampoco son inaplicables con otros fundamentos religiosos. Aunque hay muchos caminos que suben hacia la misma montaña, los senderos se encuentran y cruzan en muchos puntos y todos se unen en la cima. Qué duda cabe que la experiencia mística es una «experiencia cumbre».

49. Cuando es difícil proseguir

Las montañas son difíciles de escalar, y la montaña espiritual del centro del yo no es más accesible que las montañas de nuestro planeta. En la práctica de la meditación, a veces pasamos por momentos en que la meditación parece difícil e infructuosa, son como temporadas de «sequía espiritual».

Altibajos

A veces pasamos temporadas en que no conseguimos concentrarnos en nuestra técnica y nos da la impresión de que lo poco que logramos meditar no nos sirve para nada. No nos sentimos relajados o descansados, sólo nos sentimos frustrados e inútiles. Cuando estamos a punto de romper con un viejo hábito o pauta, sólo conseguimos pelearnos con nuestra resistencia, y mientras más nos oponemos, más dura resulta la lucha.

En esos momentos se nos ocurren soluciones fantasiosas, como lo dejaré un tiempo y proseguiré cuando las cosas resulten algo más fáciles. Sí y no. En lugar de *intentar*, debemos hacer los ejercicios, sin dar vueltas persiguiendo nuestra resistencia. *No* debemos dejar de meditar, sino que es absolutamente necesario que continuemos. Nos acercamos a algo bueno y si ahora nos detenemos, lo recorrido no habrá servido para nada; y además, si sólo pensamos seguir cuando las cosas sean «más fáciles», empezaremos otra vez y proseguiremos hasta alcanzar el mismo punto, donde nos volveremos a parar. Nos podemos pasar la vida dando vueltas a ese ciclo, pero lo más razonable es afrontar lo que sea y salir de ahí.

En los peores momentos de «sequía espiritual» (se me ocurren términos más duros), nos deprimimos, pensando no sólo que lo que hacemos en ese momento es inútil, sino también que lo que hemos hecho en el pasado ha sido en vano. Incluso podemos pensar que nos hemos engañado haciéndonos la ilusión de que progresábamos con la meditación, o de que es posible progresar, sea con la meditación, sea con otra cosa. Vemos la vida muy negra. *Estamos seguros* de que somos inútiles, de que nuestras vidas carecen de objetivo y significado, y que no somos más que un punto insignificante en un paisaje ilusorio y carente de sentido.

Nada de eso es cierto.

Es el momento de buscar ayuda. Ahora es cuando, el que tiene una religión formal, necesita a su sacerdote, pastor, gurú, o quien sea. Si no le comprende, busque a otro que le entienda. Una vez, estando en Londres, caí en un abismo espiritual. Tras pasar un par de semanas amargas y depresivas tratando de salir adelante por mi cuenta, fui a la abadía de Westminster –aunque no soy anglicana– y pedí por un cura. El hombre que vino a hablarme había pasado por lo mismo, me dio algunos consejos muy acertados y, lo mejor de todo, me consoló y me explicó que lo que me ocurría no era un fracaso, sino el paso de una etapa de crecimiento. De sentirme por debajo del más inferior gusano –no tengo nada contra los gusanos–, empecé a sentirme una persona que había cometido un fallo, lo reconocía, deseaba superarlo sinceramente y ahora tenía una idea de dónde empezar. Le quedé muy agradecida.

Era un problema relativamente fácil y una vez encaminada en la dirección correcta, ya contaba con muchos recursos. Hay problemas más difíciles de solventar que requieren más ayuda que una consulta. Pueden basarse en problemas psicológicos y precisan la asistencia de un terapeuta, pero hay que actuar con prudencia. No todos los terapeutas, ni todos los sacerdotes, están preparados para tratar con el tipo de problemas que encontramos al escalar la montaña espiritual. Creo que es imprescindible que hayan estado ahí, pues no basta con lo que hayan podido aprender de un libro o de observar la experiencia de los demás.

Si la primera persona que se consulta no es la adecuada, es esencial seguir buscando.

Y mientras busca, puede hacer algunas cosas.

1. Siga meditando. Si no trabaja con «gratitud expectante» trate de hacerlo. Probablemente le resultará muy difícil. Para empezar, limítese a centrarse en un cálido objetivo de la zona del corazón.

2. Trate de meditar con alguien. Lo ideal es meditar regularmente con un grupo.

3. Cuídese. Dése suaves masajes. Coma alimentos saludables. Sea bueno y generoso con su cuerpo.

4. Haga muchos ejercicios que le pongan en contacto con la tierra, especialmente Aspirar la verdad.

5. Frecuente personas buenas y agradables, y haga cosas agradables e interesantes.

6. Haga cada día algo por los demás como, por ejemplo, si tiene tiempo, un trabajo de voluntariado.

7. Manténgase ocupado en actividades positivas. Evite las actividades y las personas que le hagan sentir peor consigo mismo.

8. No comente el problema con mucha gente. La simpatía no sólo no lo solucionará, sino que puede empeorarlo, y si habla sobre su sensación de miseria, la reforzará. Busque una o dos personas que comprendan un poco lo que le ocurre y coméntelo sólo con ellas.

Cuando superamos esas sequías espirituales es como si nos cayera una venda de los ojos. Y con esa repentina perspicacia puede ser casi tan difícil mantenerse equilibrado y con los pies en el suelo, como lo era en el estado de depresión que acabamos de pasar. Hemos alcanzado un pico de la montaña, quizá la cumbre, y eso nos sorprende y desconcierta tanto que inmediatamente nos retraemos.

Integrar la perspicacia

Cuando una persona se vuelve perspicaz experimenta un considerable cambio de conciencia, que necesariamente conlleva una nueva manera de ver el mundo y a sí misma. Esa nueva forma de ver puede ser una maravillosa innovación que nos permita satisfacer mejor nuestro potencial como seres mágicos.

O quizá tengamos un instantáneo flash cataclísmico de perspicacia respecto a nosotros, que realmente nos conmocione y desconcierte; que ilumine una de las zonas oscuras y ocultas de nuestro ser, y nos lleve a decir: «Oh Dios, he hecho eso tan mal, me ha herido a mí y a los demás y ha envenenado mi vida y mis relaciones. Por favor, no quiero volver a hacerlo nunca, jamás».

Bien.

Y esa «cosa horrible» surge de una creencia básica, de uno de los pilares de nuestro mundo, una parte del dragón de las profundidades, algo tan arraigado en nosotros que hasta ahora sólo aceptamos como verdad, como condición del mundo-tal-como-es. Pero ahora sabemos que no es así, y no sólo lo sabemos conscientemente –quizá mentalmente lo sospechásemos– sino también físicamente, en nuestros más profundos sentimientos, en nuestro fuero interno. Y nos sentimos absolutamente desconcertados.

Y si la nueva visión de las cosas nos llenó de alegría, nos sentimos increíblemente bien, fuera de este mundo, sin palabras para describir nuestro éxtasis, completamente fuera de nuestra mentes.

¿Y ahora qué?

Bueno, lo primero que debemos hacer es acordarnos de respirar, de mantener los pies en el suelo y centrarnos. Lo segundo es dar las gracias a todos y a todo lo que nos ayudó a llegar a ese punto, incluidos nosotros. Respirar. Mantenernos en contacto con la tierra. Centrarnos. Lo tercero es ser amable y cariñoso con nosotros, hemos crecido mucho y merecemos hacer lo mejor por nosotros. Respirar. Mantenernos en contacto con la tierra. Centrarnos. La cuarta cosa es darnos tiempo para integrar internamente esa perspicacia antes de empezar a hacer radicales cambios externos, nada de ir corriendo a expiar, a ingresar en un monasterio o en el Cuerpo de Paz, o a salvar el mundo. Respirar. Mantenernos en contacto con la tierra. Centrarnos. La quinta cosa es hacer todo el trabajo físico que razonablemente podamos, como limpiar la casa, hacer todas esas cosas que hay que hacer en el jardín y no se hacen casi nunca, dar largos paseos, jugar con entusiasmo. Respirar. Mantenernos en contacto con la tierra. Centrarnos. La sexta cosa es responsabilizarnos de nosotros mismos, no sólo cuidarnos, sino también, si necesitamos ayuda, buscarla, sin esperar a que nos llegue. Respirar. Mantenernos en contacto con la tierra. Centrarnos. Y por último, seguir meditando.

Puede dar la impresión de que me tomo las cosas demasiado en serio, pero es que sé, por experiencia propia y ajena, que si meditamos con perseverancia, como hemos comentado, experimentaremos un radical crecimiento espiritual. Y ese crecimiento nos volverá a levantar sobre nuestros talones con tanta firmeza que necesitamos estar perfectamente equilibrados para no caer hacia atrás.

Hay otra cosa que es realmente muy útil. Debemos reconocer la divinidad en los demás. Sin eso estamos limitados y aislados, solos ante nuestros problemas. Los demás tal vez no entiendan lo que nos ocurre, pueden tener ocurrencias tontas para ayudarnos. Pero... hay algo en cada uno de ellos que *sabe*, y a veces, quizá con frecuencia si se tiene suerte con los amigos, eso que tienen dentro hablará. Escuche. No hable, limítese a escuchar.

Y, por supuesto, lo mejor de todo es confiar; confiar en que un universo de amor nos proporciona lo que necesitamos aunque no siempre nos guste.

50. Encontrar el lugar de la luz

Todo el mundo tiene sus propias teorías sobre lo que es la experiencia mística y cómo se da. Mi opinión es que, una veces mediante la meditación y otras mediante la «gracia», nos centramos completamente. Normalmente somos como un coro discordante, un estrépito de sonidos disonantes. En la meditación unimos las partes de nosotros dispersas, confusas y opuestas, hasta que tenemos una mente y un corazón. Todos llevamos en nosotros a muchas personas, muchas respuestas para cada situación, impulsos contradictorios, distintos programas creados por diversas influencias del pasado. Cada una de esas respuestas, impulsos y programas es como una persona que canta una nota, alguna está en armonía y alguna en discordancia. En la meditación, acompasamos esas notas cada vez más, hasta que finalmente sólo se oye un dulce y claro sonido a través del tiempo y el espacio.

Esto armoniza todo nuestro ser y lo unifica. No queda ninguna dicotomía entre el observador y el observado. Sólo hay uno. Podemos describir casi todo lo que nos ocurre porque hay esa división entre el yo del observador y el yo del que experimenta, pero no podemos describir la experiencia mística porque nos hemos fundido y clarificado en una unidad en el *acetum fontis*, el disolvente universal de los alquimistas.

Cuando eso ocurre, parece que cambiamos de mecanismo, que trascendemos la magnitud de la conciencia ordinaria. Lo que se acaba de convertir en uno prosigue hasta convertirse en Uno, y conectamos con nuestra verdadera naturaleza. Aprendemos cosas de esa unión. En particular, hay un principio básico:

Todo lo que es, es Uno, y ese Uno es Dios

Llámese Dios, Alá, Buda, el universo, o cualquier otro nombre, el mensaje es el mismo. Estamos unidos con, formamos parte de, estamos completamente dentro de y, paradójicamente, somos el todo de una Unidad divina que trasciende el cosmos y va más allá de lo conocido y lo desconocido, del pasado, el presente y el futuro, del tiempo y el espacio, de la materia y la energía, todo es, ha sido, será o podría ser, infinito y eterno. Es, Soy, Somos, todo es la misma cosa.

Todo lo que es, es Uno, y ese Uno Es

Con la meditación descubrimos en nosotros algo mucho mayor que cualquier idea que podamos tener de nosotros. Somos mucho más grandes por «dentro» que por «fuera», y el «mundo externo» también forma parte de nosotros. Ese Yo que encontramos no consiste en los pensamientos, el cuerpo, los sentimientos, las visiones o la imaginación, no es nada de lo que normalmente pensamos cuando tratamos de describirnos.

De hecho, ese Yo es indescriptible, aunque a lo largo de los siglos la humanidad haya tratado de describirlo mediante la poesía, la prosa, la pintura, la escultura y prácticamente todas las manifestaciones artísticas posibles. Todo, desde los círculos de piedra, pasando por las danzas y hasta las matemáticas, se ha utilizado para tratar de perfilar esa unión esencial, y nunca se ha conseguido.

Un prolífico escritor anónimo escribió: «El movimiento de un dedo repercute en la estrella más lejana». Y John Donne: «No preguntes por quién doblan las campanas. Doblan por ti». Ellos y muchos otros *conocen por experiencia* ese hecho inalterable que aprendemos únicamente mediante la experiencia mística.

Todo lo que es, es Uno, y ese Uno es Dios.

Puesto que esto es un manual para la práctica de la meditación, me gustaría terminar con una última serie de ejercicios. Al que los haga con todo su ser, cuerpo y mente, corazón y alma, le llevarán, una y otra vez, a la unión mística.

Ni que decir tiene que **lo mismo ocurrirá con cualquier otra técnica de meditación**, si se practica con la misma disposición.

No debemos olvidar que la experiencia mística no siempre espera a que estemos dispuestos para una técnica específica, llega cuando quiere. Como el rayo, descarga donde hay menos resistencia y mayor conductividad. Se da cuando estamos preparados, con independencia de la técnica que utilicemos.

Y éste sigue siendo mi camino de meditación preferido.

51. Sentarse en actitud de agradecimiento

Es una técnica zazen, que antes mencioné brevemente, llamada *shikan-taza*. *Shikan* significa «únicamente»; *ta* significa «golpear»; *za* significa «sentarse». *Shikan-taza*, por tanto, significa «limitarse intensamente a estar sentado». Esta técnica se basa en el conocimiento de que todos somos, en el fondo, seres iluminados. La iluminación es nuestra naturaleza esencial, pero lo hemos perdido de vista y nos sentimos separados, solos, confundidos, en estados incompatibles con la directa, inmediata y continua experiencia de la iluminación. Si bien toda meditación silenciosa, centrada en un punto, es un ejercicio que nos lleva al completo conocimiento de nuestra verdadera naturaleza, éste se centra especialmente en ese conocimiento.

Shikan-taza es una meditación avanzada, que requiere una amplia preparación, por lo que es probable que un principiante sólo se sintiese frustrado si pretendiese hacerla. Pero, en cualquier caso, todos podemos emprender el camino que hay que recorrer hasta que «nos limitamos a estar sentados». De la habilidad para concentrarnos dependerá el tiempo –meses, o años– que debamos hacer los primeros ejercicios, antes de estar realmente preparados para practicar *shikan-taza*.*

Recuerde que no hay motivo para tener prisa. No hay nada que ganar y mucho que perder. Puede tener una experiencia mística el primer día de la primera etapa, y puede no tenerla en diez años. Es más probable que tenga esa experiencia si trabaja en el nivel que le corresponde, que si se siente estresado y frustrado

---

* Para una más amplia profundización en zen, zazen y *shikan-taza*, véase *The Three Pillars of Zen*, de Roshi P. Kapleau.

por practicar una técnica que no es la que más le conviene en ese momento.

Técnicas preparatorias

Nivel uno

Céntrese y trate de sentirse en contacto con la tierra. Siéntase como una montaña, con el cuerpo bien alineado.

Con los ojos abiertos, descanse la vista en el suelo, o en una pared blanca que tenga enfrente.

Concéntrese en su hara, *situado a unos cinco centímetros delante de la espina dorsal, justo debajo del nivel del ombligo. Trate de percibir ahí la respiración.*

Abra su corazón para sentir gratitud expectante.

Cuente sus respiraciones (uno-inspiración, dos-espiración, tres-inspiración, cuatro-espiración), hasta diez. Cuente la respiración hasta diez, una y otra vez, hasta que termine el tiempo de meditación.

Manténgase atento, no se quede medio dormido.

Le puede parecer difícil mantener la gratitud expectante a la vez que se centra en el *hara* y cuenta la respiración. Puede ser que al principio se sienta incapaz de empezar con todo. Limítese a dar los pasos. Tarde o temprano algo encaja y luego todo lo demás se coordina, aunque sólo sea por unos momentos. Debe ser un *gestalt*, un todo, una experiencia única, en la que cada elemento esté inextricablemente combinado en el todo.

Cuando se dé cuenta de que ha perdido algún elemento de la técnica, recomience desde el principio. Hay que tener verdadera paciencia. De todos modos, aunque no consigamos hacerlo todo a la vez, sentiremos un maravilloso efecto, a menos que estemos tan inmersos en nuestra frustración que no apreciemos los beneficios.

Cuando pueda hacer el ejercicio antes indicado durante quince minutos sin perder la cuenta y manteniéndolo todo unido, pase al nivel dos.

Nivel dos

Es exactamente lo mismo que el nivel uno, excepto por la forma en que se cuenta la respiración. Cuente la respiración sólo al espirar. Cuente hasta diez, una vez tras otra, hasta que se termine el tiempo de meditación.

Manténgase alerta, totalmente atento a cada respiración, céntrese en el hara *y en la gratitud expectante.*

Aquí también, cuando pueda hacer eso durante quince minutos sin perder la cuenta y haciéndolo todo a la vez, pase al nivel tres.

Nivel tres

Vuelve a ser exactamente igual que el nivel uno, menos por la forma de contar la respiración. Cuente la respiración sólo en la inspiración. Cuente las respiraciones hasta diez, una y otra vez, hasta que termine el tiempo de meditación.

Mantenga la mente atenta, centrada en la respiración, en el hara *y en la gratitud expectante.*

Una vez más, cuando pueda hacer este ejercicio durante quince minutos, sin perder la cuenta y haciéndolo todo a la vez, pase al nivel cuatro.

Nivel cuatro

Aquí también sólo varía la respiración. Fíjese en la respiración, en cada inspiración y espiración, pero no *las cuente, sólo siga la respiración, inspiración y espiración, prestándole mucha atención.*

Mantenga la mente bien alerta y consciente.

Cuando puede hacer este ejercicio durante quince minutos sin perder conciencia de la respiración, manteniendo el sentimiento de gratitud expectante, centrándose en la conciencia del *hara* y con la mente alerta, llega el momento de intentar practicar el *shikan-taza*. Si le parece difícil, regrese al nivel cuatro hasta que tenga la impresión de estar preparado para volver a intentarlo. No ganamos ningún punto por tratar de superar una etapa antes de estar preparados, sólo obtenemos frustración.

Sentarse únicamente

> *Céntrese y trate de sentirse en contacto con la tierra. Siéntese como una montaña, con los ojos abiertos.*
>
> *Concéntrese en su* hara. *Abra su corazón para sentir gratitud expectante.*
>
> *Mantenga la mente como una nube, calmada y sin fronteras, aunque completamente atenta y consciente; intensamente concentrada, pero sin tensión.*
>
> *Deje que todos esos aspectos se vuelvan un todo integrado.*
>
> *Implíquese totalmente con eso, cuando alguna parte de usted se extravíe, recupérela hacia el* hara, *la gratitud expectante, la mente como una nube luminosa, todo integrado en uno.*

Si practicamos ésta o cualquier otra técnica de meditación, el tiempo suficiente y con la suficiente diligencia, tendremos una experiencia mística. Podemos tenerla tanto mientras meditamos como mientras lavamos los platos, observamos una flor, conducimos el autobús, caminamos bajo la lluvia, vemos la salida de sol o escuchamos a alguien. Ocurre cuando estamos preparados.

Y cuando se ha tenido la experiencia mística, ¿después qué?, ¿ya está? No, por supuesto que no. Es sólo otro paso en el recorrido. Esa experiencia nos hace algo, cambia algo en el fondo de nuestra personalidad. Todos los efectos de esa experiencia necesitan tiempo para brotar a través de las capas del inconsciente, modificándolas a medida que pasan. Y hay que tener más de una experiencia mística para ser un ser humano *totalmente* iluminado. Es un proceso que dura toda la vida. El camino no se termina nunca.

52. Vivir en el Lugar de la Luz

Hace años pregunté a una amiga, que hacía años que trabajaba intensamente por su desarrollo espiritual, cómo definiría a una persona completamente iluminada, y me dio una detallada descripción de las características de una persona así. Cuando escribí este libro se lo volví a preguntar.

–No lo sé– me dijo, en un tono ligeramente tenso.

Le recordé que una vez me había dado una concisa definición al respecto.

–Sí– respondió –pensaba que lo sabía, pero mientras más me dedico a ello, menos creo saber sobre el tema.

A mí me pasa igual, tampoco lo sé.

A lo mejor es, como dijo un budista zen, una persona que nunca reacciona en función de una programación adquirida, sino que ve con claridad cada momento y elige la vía adecuada. O es el ermitaño del desierto, que se flagela, reza y huye del pecado. Quizá es el radiante monje de un coro benedictino. O la persona que siempre piensa primero en los demás y trata de ser servicial. Tal vez sea el yogui que se puede cortar sin sangrar, controlarse el pulso cardiaco a voluntad, y reducir drásticamente su aspiración de oxígeno sin que le afecte la salud. Cabe preguntarse si esas cosas están relacionadas con la iluminación o si sólo son pasos del camino. Incluso es posible que algunos sean caminos sin salida, que conduzcan a peligrosos precipicios.

A lo mejor somos como peces mirando hacia la superficie que, al ver pasar un pájaro volando, nos lo tratamos de explicar en términos que podamos comprenderlo. Cuando lleguemos ahí, ¿lo reconoceremos?

Creo que tener la experiencia mística no es un criterio aplicable para evaluar la verdadera iluminación. Conozco un sinfín de personas, entre las que me incluyo, que hemos tenido experiencias de ese tipo y es obvio que a todos nos queda aún mucho que recorrer en nuestro camino individual. Hay personas que cuando tienen una experiencia así, piensan que ya está y se detienen justo ahí, acampan en la montaña y se niegan a ver las alturas que aún no han escalado. El hecho de alcanzar el Lugar de la Luz, aunque sea brevemente, deja huella, pero lo mismo ocurre al escalar la montaña, o recorrer aunque sólo sea parte del camino.

Antes pensaba que una persona iluminada era alguien que vivía permanentemente con la poderosa y resplandeciente luz de la unión mística como base de la conciencia y que no tenía sombras que le delimitaran. En cambio, ahora..., bueno, no sé; pero si sigo trabajando en ello, a lo mejor lo sabré.

No soy nada,
ni cosa, ni tiempo, ni espacio.
Soy el viento vacío
que sopla en el Vacío.

Pero no soy
el viento, ni tampoco soy
el vacío.

Soy las hojas
que caen
y se convierten en polvo; el polvo
que vuela por el espacio,
es inmolado en los fuegos
de distantes soles, y reemprende
su trayectoria como luz. Y sin embargo no soy
esas cosas.

Soy el fénix, me levanto
de mis propias cenizas,
aún quemando, mi propia luz

es tan intensa que no la soporto. Soy
todas las cosas y ninguna.
Soy uno. Soy nadie.
Soy no yo. Sólo
el Único Es.

Apéndices

A. Técnicas de meditación

1. Siéntese. Relájese. Imagínese una figura de diseño simple, como un círculo alrededor de una cruz o algún otro símbolo fácil de visualizar. Visualícelo durante todo el periodo de práctica, sin pensar en lo que simboliza.

El diseño debe seguir siendo simple. No lo complique, desequilibre ni disgregue. Es preferible que esté dentro de una forma circular y tenga un centro bien definido. Utilice cada vez el mismo símbolo.

2. Siéntese. Relájese. Ponga una mano enfrente, de manera que pueda mirar la uña del pulgar con la vista baja. Sin forzar la vista, y con los ojos y los párpados relajados, mantenga la mirada fija en la uña del pulgar.

Fíjese en el movimiento de la respiración y del abdomen. Durante todo el ejercicio, preste atención a la respiración y observe la uña del pulgar. No piense en la uña del pulgar, limítese a observarla atentamente, como si fuese lo más interesante que haya visto en la vida.

3. Siéntese. Relájese. Cuente las respiraciones –cada inspiración y espiración como una– hasta diez y luego recomience por «una» y vuelva a contarlas hasta diez. Repítalo mientras dure el tiempo de práctica. Cuando pierda la cuenta, vuelva a empezar.

No trate de controlar de ningún modo la respiración.

4. Siéntese. Relájese. Explíquese que va a relajarse mentalmente y dejar vagar la mente, sin pensar en nada concreto. Deje que los pensamientos se formen y se desvanezcan, sin analizarlos ni controlarlos, como si fueran burbujas que brotan de las profundidades, que van por donde quieren. Observe sólo su ir y venir.

Si quiere, al finalizar el tiempo de práctica, puede revisar esos pensamientos, y analizar si alguno le da una visión más profunda de sus actitudes y/o pautas de comportamiento, pero no piense en eso mientras practica.

5. Siéntese. Relájese. Elija un color como el verde, el azul o el azul violeta. Piense en una esfera de ese color y visualícela mientras dure la práctica.

No elija un color activo o energético, como el rojo, el amarillo o el naranja.

Los distintos colores, como los distintos sonidos, influyen en su sistema de forma diferente. Siga su intuición para elegir el color que más le conviene.

6. Siéntese. Relájese. Sea consciente de su respiración. Fíjese en la inspiración y en la espiración. Luego fíjese cuando cambia la respiración, de la inspiración a la espiración, y viceversa. Preste atención a esos cambios. No los alargue ni trate de acentuarlos o controlarlos, limítese a ser consciente de ellos. Cuente esos cambios hasta diez, luego empiece otra vez la cuenta. Repítalo durante el periodo de meditación.

Alternativa: Cuando quiera complicar un poco este ejercicio, no cuente. Limítese a notar los cambios de la respiración y mantenga la mente completamente centrada en eso.

La primera versión es adecuada para principiantes, la segunda para los que tienen algo de experiencia.

7. Siéntese. Relájese. Elija un sonido de dos o tres sílabas sin significado, que le guste como suena. Utilice cada vez el mismo

sonido. Repítalo una y otra vez, en voz alta o en silencio, o alternativamente.

Si lo hace en voz alta, deje que el sonido ascienda desde la parte inferior del abdomen.

Los distintos sonidos nos afectan de forma diversa y compleja. Siga su intuición para seleccionar los sonidos que creen armonía en su sistema.

8. Siéntese. Relájese. Preste atención a la respiración. Fíjese en la sensación que le produce inspirar y espirar. Fíjese en la continuidad y cercanía con que puede observar y sentir su respiración. Centre la atención en el movimiento del aire al pasar por la nariz, la garganta y los pulmones; en las oscilaciones del pecho y del abdomen cuando respira. Concéntrese por completo en la respiración.

No la modifique ni la controle, limítese a observarla.

9. Siéntese. Relájese. Imagínese un estanque con agua, circular. Mírelo con los ojos de la mente. Figúrese que el estanque está completamente quieto, sin una onda que altere la superficie. Imagínese que cualquier pensamiento o distracción produce olas y trate de mantener la superficie quieta. Cada vez que se dé cuenta de que piensa en otra cosa, calme la superficie del agua.

Mantenga la simplicidad del estanque, no le atribuya formas complicadas, ni peces, ni nenúfares; que sólo refleje un cielo claro.

10. Siéntese. Relájese. Visualice un color tranquilo, como el azul. Imagínese que el azul se reduce a un punto y luego desaparece, dejándole la mente en blanco. Quédese completamente en blanco. Cuando se dé cuenta de que piensa en algo, vuelva a empezar con el color, y deje que desaparezca en la nada.

Este ejercicio no es indicado para principiantes.

11. Siéntese. Relájese. Cuente la respiración: inspiración (una), espiración (dos), inspiración (tres), espiración (cuatro), inspiración (cinco), y así, mientras dure el tiempo de práctica predeterminado. Cada vez que pierda la cuenta, recomience.

No trate de controlar la respiración.

12. Siéntese. Relájese. Coloque ante usted una vela encendida. Obsérvela durante un minuto. Luego cierre los ojos y, durante un minuto, concéntrese en el movimiento respiratorio de la parte inferior del abdomen. Abra los ojos y vuelva a observar la vela.

Siga alternando durante el tiempo de práctica, un minuto para la vela, un minuto para la respiración.

No profundice mentalmente sobre el significado de la vela ni nada por el estilo.

13. Siéntese. Relájese. Coloque ante usted una vela blanca encendida. Mírela un momento y cierre los ojos. Con los ojos cerrados, visualice la vela. Cuando pierda la imagen interior de la vela, vuelva a mirarla, y luego regrese a la imagen interior. No fuerce la vista.

No piense en el simbolismo de la vela. Procure no tener en la mente nada más que la imagen de la vela.

Practique pasando cada vez más tiempo con los ojos cerrados hasta que no necesite más la vela física. La vela es, en este ejercicio, como el flotador para el nadador principiante, y se debería prescindir de ella lo antes posible.

Alternativa: En lugar de la vela, se puede utilizar como foco de concentración cualquier objeto sencillo, o un simple mandala (como el descrito en el ejercicio 1).

14. Siéntese. Relájese. Elija un objeto pequeño, como una canica o un anillo liso, algo donde fijar la vista y que no la desvíe, cosa muy fácil. Colóquelo delante de usted, al nivel de las rodillas (o en el suelo, si está sentado en el suelo). Mantenga su atención en el objeto, sin pensar en él.

A los cinco minutos, aleje el objeto unos 45 cm. Obsérvelo. Transcurridos otros cinco minutos, aléjelo otros 45 cm. Obsérvelo así cinco minutos.

En cada posición, abra los ojos sólo lo necesario para ver el objeto, es decir, empiece con los párpados bajos, abriéndolos y aumentando poco a poco el campo de visión, manteniendo la atención fija en el objeto.

Durante la meditación sea consciente del movimiento de la respiración en la parte inferior del abdomen.

15. Siéntese. Relájese. Elija un concepto como foco receptivo. Los conceptos como la compasión, la fe, la devoción, la confianza, la integridad, la honestidad, el amor y muchos otros son «semillas» válidas para este ejercicio. No cavile sobre el tema, limítese a mantenerlo en la mente y deje que los pensamientos vayan y vengan. Dado que mantiene el concepto en la conciencia, muchos pensamientos que surjan serán ideas al respecto. No dé vueltas a esas ideas, limítese a ser consciente de ellas.

Es conveniente aplicar el mismo concepto varias sesiones, antes de seguir con otro. También va bien, transcurrido cierto tiempo, revisar el concepto, y ampliar las ideas al respecto. A lo mejor cree que, en poco tiempo, tiene todo el conocimiento posible sobre el tema, pero eso es más probable que sea una manifestación de resistencia que un hecho. Mientras más apliquemos un concepto, más ricas y profundas tienden a ser las ideas que se nos ocurren al respecto.

16. Siéntese. Relájese. Fíjese cómo le bate el pulso. Inspire hasta contar seis latidos de corazón, mantenga la respiración durante tres latidos, espire durante seis latidos, manténgase quieto otros tres. Repita este ciclo todo el tiempo de práctica.

Si le cuesta contar los latidos del corazón, cuente como si fuesen segundos e ignore los latidos del corazón.

Para realizar este ejercicio conviene haber practicado antes otras técnicas de respiración.

17. Siéntese. Relájese. Elija una palabra con connotaciones positivas y tranquilizadoras, como *paz, armonía, amor, alegría,* etcétera. Repita esa palabra una vez tras otra, sea en silencio, sea en voz alta. Si lo hace en voz alta, deje que el sonido ascienda desde la parte inferior del abdomen. Repita continuamente la palabra elegida durante todo el periodo de práctica. Utilice cada vez la misma palabra.

No analice esa palabra ni piense en ella, y evite que se le ocurran ideas sobre su significado.

Este ejercicio tiene truco, pues la elección de una palabra adecuada no es siempre tan fácil como parece. No elija una palabra que le moleste o pueda molestarle, por ejemplo, si se siente muy solo o falto de cariño, no utilice la palabra amor; *o si se siente muy tenso, no emplee* relax. *De lo contrario, podría llamar la atención sobre el problema y crear una resistencia inconsciente.*

18. Siéntese frente a la pared. Relájese. Mire la pared, obsérvela. No piense en nada más, sólo obsérvela. Al mismo tiempo preste atención a la respiración.

Alternativa: Si encuentra demasiado difícil no pensar en nada, puede contar sus respiraciones hasta diez y luego repetirlo.

A los principiantes les resultará más fácil empezar a practicar el ejercicio contando las respiraciones.

19. Siéntese. Relájese. Empiece a decir OUM mentalmente; conviértalo en un sonido continuo que se vaya apagando poco a poco, hasta que deje de existir y quede la mente en blanco. Siga con la mente en blanco. Cuando se distraiga, vuelva a empezar.

Este ejercicio no es recomendable para principiantes.

20. Siéntese. Relájese. Centre su atención en un punto de luz blanca entre las cejas. Mantenga la atención en ese punto de luz blanca.

Alternativa: Respire hacia el punto de luz blanca entre las cejas, hasta que se llene y le ilumine el interior de la cabeza. Traslade gradualmente su centro de atención al nuevo centro de luz blanca del centro de la cabeza.

El ejercicio alternativo es más indicado para una persona con experiencia en la meditación.

B. Tabla de referencia

Ejercicio:	1	2	3	4	5	6	7	8	9	10	11	12	13	14	15	16	17	18	19	20
Interior	+	+	+	+	+	+	+	+	+	+	+	+	+	+	+	+	+	+	+	
Exterior		+										+	+	+				+		
Activo	+	+	+		+	+	+	+	+	+	+	+	+		+	+	+	+	+	+
Pasivo				+										+						
Mental	+		+	+	+	*	+		+		+		+		+	+			+	+
Sensorial		+	+			+	*	+		+	+	+				+		+		*
Visual	+			+			+	+			+		+							+
No visual		+	+		+	+	+				+	+		+	+	+	+	+	+	
Voluntad	+		+		+	*	+		+	+	+		+	+	+	+	*		+	+
Entrega		+	+	+		+		+			+	+			+	+				
Hacer	+	+	+	+	+	+	+	+	+		+	+	+	+	+	+	+	+		+
No hacer										+									+	
Novato	+	+	+	+	+	*	+	+	+		+	+	+	+			+	*		*
Iniciado	+	+	+	+	+	+	+	+	+	+	+	+	+	+	+	+	+	+	+	+

* Indica que en esa categoría sólo figura una de las versiones dadas.

228

Utilización de la tabla

Como se ve, algunos ejercicios tienen elementos de categorías «opuestas». En esos casos se les atribuye un efecto integrador, equilibrador, y podemos utilizarlos para equilibrarnos.

Visual, en la tabla, hace referencia a la visualización con el «ojo interno». Algunas de las técnicas no visuales implican mirar algo con los ojos físicos.

No se obsesione con esta tabla. Si le sirve, utilícela. Si le confunde, déjela y guíese por la intuición (otro nombre para su profesor interior) en el proceso de elegir lo adecuado para usted. Como dije antes, ninguna de esas técnicas perjudica –la meditación no tiene indeseables efectos secundarios–, y es infinitamente mejor practicar cualquiera de ellas que no meditar.

¡Disfrútelo!

Bibliografía

Anónimo, *The Cloud of Unknowing and Other Works*, traducido al inglés moderno por Clifton Wolters, Penguin, 1987.

Cade, C. M., y N. Coxhead, *The Awakened Mind*, Element Books, 1987.

Cousins, Norman, «Intangibles in Medicine», en *Journal of the American Medical Association*, 16 septiembre 1988, 260, n.º 11.

Holmes, Stewart W., y Chimyo Horioka, *Zen Art for Meditation*, Chales E. Tuttle Company, 1988.

Houston, Jean, *The Possible Human*, J. P. Tarcher, Inc., 1982.

Johnston, William, *Silent Music: The Science of Meditation*, William Collins (Found Paperbacks), 1985. (Ed. española: *La música callada*, Ediciones Paulinas, Madrid, 1988.)

Kapleau, Roshi P., *The Three Pillars of Zen*, Rider, 1985.

Kempis, Tomás de, *Imitación de Cristo*.

Khosla, K., *The Sufism of Rumi*, Element Books, 1987.

Kundalini: Evolution and Enlightenment, Anchor Books/Doubleday, 1979.

Mysticism: A Study and an Anthology, compilado por F. C. Happold, Penguin, 1963.

Naranjo, C., y R. E. Ornstein, *On the Psychology of Meditation*, Viking Press, 1971.

Sekida, Katsuki, *Zen Trining: Methods and Philosophy*, Weatherhill, Inc., 1985.

Shah, I., *The Way of the Sufi*, Penguin, 1986. (Ed. española: *El camino del sufí*, Paidós, Barcelona, 1986.)

Sogen, O., y T. Katsujo, *Zen and the Art of Calligraphy*, Routledge & Kegan Paul, Londres, 1983.

Tart, Charles T., *States of Consciousness*, E. P. Dutton, Nueva

York, 1975. (Ed. española en *Psicologías transpersonales – Obras completas*, Paidós, Barcelona, 1984.)

—, *Altered States of Consciousness*, John Wiley, Nueva York, 1969.

Thomson, Rosy, *Loving Medicine*, Gateway Books, 1989.

Weiner, Michael A., *Maximum Immunity*, Gateway Books, 1986.

Welch, John, *Spiritual Pilgrims: Carl Jung and Teresa of Avila*, Paulist Press, 1982.

Índice

Prólogo, *Pat Pilkington*   9

Agradecimientos   13

Introducción   15

Primera parte: La naturaleza del territorio   17
    Ventajas de la meditación – Definición de la meditación y
    algunos tópicos erróneos al respecto – El objetivo original
    de la meditación.
  1. Lo que podemos encontrar   19
  2. Tesoros encontrados al borde del camino   24
  3. Tesoros de la psique y del espíritu   30
  4. Definición de los límites   32
  5. Aquí hay dragones   36
  6. El corazón de la Tierra   42

Segunda parte: Elegir el camino.   45
    Factores implicados en la meditación – Elección de una téc-
    nica de meditación para equilibrar y mejorar nuestras vidas
    – Técnicas y ejercicios.
  7. Explorar nuevas tierras   47
  8. Interior o exterior   48
  9. Pasivo o activo   51
 10. Sensación o «mentación»   54
 11. Voluntad o entrega   56
 12. Hacer o no hacer   59
 13. Elección final   62
 14. Permanecer en el camino   64

Tercera parte: Cosas que conviene saber 67
  Establecer un tiempo de meditación, elegir un sitio para meditar, empezar y terminar, mantenerse atento, enseñarse a sí mismo, encontrar un profesor, trabajar en grupo, fenómenos que se encuentran meditando, establecimiento de objetivos y el lugar de la emoción en la meditación.

15. Programación del recorrido 69
16. Establecer una base 71
17. Emprender un viaje 72
18. Mantenerse despierto en el camino 75
19. Viajar solo 76
20. Buscar un guía 79
21. Compartir el viaje 81
22. Cambio de escenario 83
23. Notar los cambios 91
24. El viajero experimentado 93
25. Establecer objetivos 94
26. Viajar con el corazón abierto 98

Cuarta parte: Extraviarse 101
  La naturaleza de la resistencia, cómo funciona y cómo superarla – Algunos ejercicios.

27. Desviarse del camino 103
28. Retomar el camino 110
29. Mantenerse en el camino 112

Quinta parte: Sobre la liberación 117
  Relajación profunda – Técnicas de relajación y ejercicios.

30. ¿Por qué tanta prisa? 119
31. Parar un rato 121
32. Un lugar tranquilo 123
33. Flotar en el mar, fundirse en la arena 125

Sexta parte: Monstruos y realidad
  Cómo nos confundimos entre la realidad objetiva y subjetiva, y las razones por las que a veces somos irreales.

34. Espejismos e ilusiones 129

35. Perseguir espejismos y caer en abismos 131
36. Ver claro 138

Séptima parte: No vacilar 141
    La importancia de la postura en la meditación – Directrices
    para tener una buena postura en la meditación – La medita-
    ción en la cama y de pie.
37. Mantenerse en forma para el viaje 143
38. Sentarse como una montaña, mantenerse
    como un pino 147

Octava parte: El mal tiempo y las tempestades 159
    Centrarse y estar en contacto con la tierra, mental y emo-
    cionalmente – Ejercicios prácticos para volver a la tierra –
    El poder y la seguridad.
39. Truenos y relámpagos 161
40. Aplacar la tormenta 163
41. A la deriva en un mar tempestuoso 168
42. Calmar las aguas 172
43. Viajar seguro 177

Novena parte: En alas de la transformación 181
    Psicología de la transformación – La meditación y la cura-
    ción de la psique.
44. El dragón y la serpiente 183
45. El dragón volador 187
46. Montar al dragón 189
47. Hacer que nos crezcan las alas 191

Décima parte: El ascenso de la montaña 197
    Religión, espiritualidad y meditación – Algunos ejercicios
    de meditación – Una no definición de iluminación.
48. Buscar el camino para subir 199
49. Cuando es difícil proseguir 203
50. Encontrar el lugar de la luz 208
51. Sentarse en actitud de agradecimiento 211
52. Vivir en el Lugar de la Luz 216

Apéndices 219
A. Técnicas de meditación 221
B. Tabla de referencia 228

Bibliografía 231

Los secretos del chamanismo aplicados a la vida diaria. Aproveche la energía espiritual que lleva en su interior.

José y Lena S. Stevens

EL PODER INTERIOR

Técnicas para aplicar los secretos del chamanismo a la vida moderna

Desarrolle su vida interior hasta la más completa realización personal

ROBINBOOK

Este libro nos muestra como pueden adaptarse las antiguas técnicas chamánicas a las necesidades y problemas del mundo moderno. Por medio de una serie de ejercicios, instrucciones y rituales sencillos, nos enseña como identificar a los guías espirituales que llevamos dentro y establecer comunicación con ellos, así como la forma de conseguir el éxito profesional, la lucidez psicológica y la plenitud personal. El chamanismo nos ayudará a sacar partido de la energía que nunca supimos que poseíamos. Se trata de una emocionante forma de pensar y percibir, que cambiará por completo el curso de nuestra vida.

ISBN: 84-7927-043-8

Un libro destinado a los padres que desean proporcionar a sus hijos sólidos valores morales y éticos en una era dominada por el materialismo. Es una obra pensada para ayudar a los padres a preparar a sus hijos hacia un camino de autoconocimiento y satisfacción personal, mientras sus mentes todavía son receptivas y sus corazones puros.
* Cómo incorporar la espiritualidad a las actividades cotidianas.
* Cómo disciplinar a los hijos de un modo comprensivo.
* Cómo enseñarles valores básicos como la honestidad, la generosidad, la compasión, etc.
* Cómo conseguir el máximo nivel de intimidad con sus hijos.

ISBN: 84-7927-028-4

David Carroll

LA VIDA INTERIOR DEL NIÑO

Una guía práctica hacia una educación más integral

ROBINBOOK

Cómo fomentar el potencial espiritual de los niños y jóvenes haciéndoles aprovechar lo mejor de sí mismos.

DINÁMICA MENTAL

Enriquezca su vida mediante dominio de las técnicas del pensamiento positivo.

René Sidelsky

EL PODER CREADOR DE LA MENTE

Enriquezca su vida mediante el dominio de las técnicas del pensamiento positivo

DINÁMICA MENTAL

ROBINBOOK

Una guía auténticamente práctica y vivida de pensamiento positivo, que nos presenta punto por punto los métodos para conseguir el dominio del pensamiento y enriquecer nuestra vida en todos los sentidos.

Con numerosas técnicas precisas, sencillas, fáciles de aplicar y extraordinariamente eficaces (verbales, escritas, de visualización, a través del Yoga, del rebirth…) para alcanzar la autorrealización y la máxima expansión personal y aprovechamiento del potencial intelectual y físico.

* Cómo evitar dejarnos llevar por estados emocionales negativos.
* Cómo establecer el nexo entre nuestro consciente y nuestro inconsciente, para conseguir el dominio de nuestros pensamientos.

ISBN: 84-7927-016-0

El optimismo puesto en acción para conquistar el éxito y la salud.

No hay límites para lo que uno puede conseguir si programa su mente de manera adecuada. Este libro expone una serie de ideas y ejercicios prácticos que nos ayudarán a eliminar los obstáculos y a conquistar el control de nuestro propio futuro mediante:

• la elaboración de un programa adaptado a la personalidad de cada individuo,
• la superación del estrés en la vida doméstica y de trabajo,
• la toma de contacto con los sentimientos interiores y la eliminación de los pensamientos negativos.

Un método práctico para disfrutar de la vida.

Vera Pfeiffer

PENSAMIENTO POSITIVO

Un método práctico para disfrutar de la vida

ROBINBOOK

DINÁMICA MENTAL

DINÁMICA MENTAL